MW00948193

¡Ruge como león!

Cómo hablar en público
sin miedo y con poder

Alejandro Pérez Tobías

Información de contacto:
Facebook, Youtube, Twitter e Instagram: Alejandro
Tobías Pro

Este libro se publica para propósitos educativos, de
negocios o para promociones de ventas
ISBN: 9781688032477

Agradecimiento

Este libro está dedicado a la persona que más admiro:

Alejandro Francisco Pérez

Espinosa

un hombre ejemplar, extraordinario y lleno de bondad.

Gracias papá, eres mi máximo ejemplo.

Introducción

En el pasado, hablar en público era importante, pero hoy, gracias a la creciente influencia de las redes sociales y la tecnología, esto se ha vuelto una necesidad. Desde exponer en un salón de clases o hacer presentaciones en el trabajo para los compañeros o para los clientes, hasta dar una conferencia magistral, todos necesitamos persuadir y para lograrlo nos debemos comunicar en forma efectiva. Querer superarte, terminar con la timidez, vencer el miedo de hablar en público y tener buenas estrategias de comunicación verbal son logros importantes que te pueden abrir muchas puertas. Aquí te presento innovadoras técnicas para hablar en público, con ejemplos reales de lo que he vivido como conferencista, y te revelo los secretos que me permitieron ocupar el primer lugar en el concurso nacional de oratoria Toastmasters 2019 del distrito 113.

Todos tenemos miedos, problemas y cada uno está luchando una batalla contra sus propios demonios. Sin embargo, hay un demonio que se ha hecho presente en muchas personas y es el miedo a hablar en público, el miedo a comunicar, lo que debilita considerablemente su habilidad para persuadir. Cuando desarrollas y fortaleces la capacidad de comunicarte también desarrollas la habilidad de persuadir, la cual es esencial para tener pareja, hacer buenos negocios, exponer efectivamente un proyecto en tu trabajo y alcanzar tus objetivos.

He escrito este libro para ayudarte a lograr grandes progresos en el arte de la comunicación efectiva, logrando que tu palabra tenga tal poder de persuasión que te permita lograr grandes triunfos en la vida personal y en los negocios. Si persuades de uno en uno, seguramente te irá bien, pero si persuades a grupos enteros, te irá mejor.

Ya sea que estés empezando como orador o si eres uno de esos oradores que se destacan en su profesión, pronto podrás comprobar que las técnicas descritas en este libro te ayudarán a sentirte aún más empoderado. Y así es justo como debes iniciar y culminar un discurso, conferencia o presentación: ¡Empoderado! ¡Rugiendo como león!

Este libro no te promete que te convertirás en un excelente conferencista u orador sin poner esfuerzo, constancia y disciplina, palabras que los mediocres odian y los ganadores aman. Este libro está escrito para ganadores, personas decididas a triunfar en lo que se proponen, personas que saben que la clave para avanzar a grandes pasos consiste en aplicar con persistencia, paso a paso, los nuevos conocimientos adquiridos. Es esencial que entiendas que así como antes de encender un coche debes abrir la puerta para poder ingresar, y que antes de abrir la puerta necesitas la llave, lo mismo ocurre en tus procesos de aprendizaje: las cosas se deben realizar paso a paso, en forma ordenada. Y es por esto que lo primero que debemos hacer para aprender a hablar efectivamente ante una audiencia es perder el miedo o canalizarlo.

Avancemos entonces con el acto mágico de descubrir y formar al gran conferencista y orador que hay dentro de ti, empezando con un tema potente y original: ¡cómo puedes aprovechar la capacidad de memoria que tiene tu propio cuerpo!

Miedo vs seguridad

Si quieres renovar el mobiliario de una casa, lo primero que debes hacer es sacar los muebles viejos, dejando así espacio para poder instalar los muebles nuevos. Lo mismo sucede si quieres destacarte en el arte de hablar en público: primero debes eliminar hábitos y conductas contraproducentes, que estorban, para después poder adquirir aquello que quieres. Uno de esos "muebles viejos" que debes desterrar de tu vida es el miedo, y el "mueble nuevo" que debes instalar es la seguridad. Con este ejemplo he querido hacer énfasis en que para que puedas desenvolverte con seguridad en una conferencia o ante un grupo de personas, debes primero eliminar el miedo.

1.- Aprovecha la memoria de tu cuerpo

Primero quiero que entiendas que la gran mayoría de nosotros pasamos alguna vez por situaciones difíciles que intensificaron nuestro miedo a hablar en público. Imagínate a ti mismo cuando tenías ocho años y decidiste hablar ante una audiencia (quizá tu familia o en la primaria) y cuando hablaste todos se rieron y se burlaron de ti. En ese momento te sentiste tan mal emocionalmente que empezaste a llorar. Quizá luego de unos meses volviste a comentar algo ante un grupo de personas y obtuviste el mismo resultado. Entonces, para protegerte del dolor, tu cerebro te dice: "No hables en público, eso ocasiona dolor", de modo que desde ese momento evitas hablar en público pues no quieres volver a sentir ese dolor. Ahora ya generaste un anclaje emocional, pues cada vez que es momento de hablar en público, recuerdas esa situación incómoda que atravesaste cuando eras pequeño. O quizá no lo generaste a los ocho años, pudo haber sido antes o después.

El punto aquí es que muy probablemente generaste un anclaje en el cual hablar en público significa dolor. Pero ¿Cómo romper con ese miedo? Ponte a pensar: ¿Cómo crees que estaba tu cuerpo en el momento en el que hablaste en público y la gente se burló de ti? ¿Estabas mirando hacia abajo? ¿Estabas con los brazos cruzados o con las manos todo el tiempo en los bolsillos? ¿Estabas jorobado? ¿Jugabas con tus manos?

¿Te rascabas constantemente? ¿Te movías de un lugar a otro como si no supieras a dónde ir?

Lo más probable es que respondiste sí a una de estas preguntas, y de hecho hay muchas personas que responden si a todas, pues el miedo a hablar en público está presente en todos.

Ahora bien, ¿crees que si adoptamos esas posturas nuestro cuerpo podrá acordarse de esos momentos incomodos? ¡Claro que sí! Y de esa manera nos podemos empezar a sentir incomodos, porque generamos un anclaje. Lo positivo es que podemos sustituir ese anclaje limitante por uno empoderador.

Te invito a pensar en el momento más feliz de tu vida y a escribirlo aquí abajo. Puede ser cuando festejaste porque metiste un gol, aprobaste un examen, nació tu hijo, compraste tu auto, ganaste una carrera, conseguiste trabajo, etc.

_____

_____

Si ya tienes ubicado ese momento positivo de tu pasado, muy bien, ahora haz lo siguiente: cierra tus ojos por un par de minutos para que recuerdes y revivas esa situación. ¿Cómo estaba tu cuerpo? ¿Qué hacían tus manos? Ahora replica esa postura y ese movimiento que hiciste en aquel instante feliz... ¡y lo puedes hacer perfectamente porque tu cuerpo tiene memoria! Al hacer estos ejercicios estás activando un anclaje positivo: tu cuerpo no solo está recordando sino que está volviendo a sentir. Y si sabes utilizar esta técnica a tu favor, podrás hacer magia en tu próximo discurso, presentación o conferencia.

Cuando yo tenía 17 años tuve una pelea de artes marciales mixtas realmente complicada, puesto que yo jamás había peleado en esas modalidades específicas y mi rival iba invicto. Él tenía en ese entonces 28 años y era campeón de Lima Lama y de kickboxing. Recuerdo que yo tenía demasiado miedo, y que en el primer round recibí una paliza, al igual que en el segundo. No obstante, en el tercer round pude ganar el combate. ¿Qué crees que hice al ganar? ¡Celebrar!

Me puse de pie (puesto que estaba en el suelo y casi había estrangulado a mi rival) y en ese instante levanté las manos y los brazos y me puse a brincar. Fueron momentos grandiosos.

La pregunta aquí es: ¿Qué crees que sucede conmigo cuando levanto las manos y me pongo a brincar? ¿De qué se acuerda mi cuerpo? ¿Cómo me siento? Definitivamente me empodero, porque me acuerdo de la pelea y en ese momento me siento con mucha energía y también exitoso (pues así fue el resultado aquel día).

Te platico esto porque eso es justo lo que hago antes de dar un discurso, una conferencia o un taller. Me pongo a brincar y llevo las manos hacia arriba, tal cual como lo hice en aquella ocasión. De esta manera entro empoderado y lleno de energía porque activé un anclaje y créelo, cuando estás empoderado, no hay espacio para el miedo en tu cuerpo.

No estoy insinuando que necesitas una victoria deportiva para poder encontrar ese anclaje emocional, lo que necesitas es encontrar un momento en el que te sentías sumamente feliz y acordarte de tu postura corporal y tus movimientos. Quizá te sentiste muy feliz cuando estabas con tus amigos, en una fiesta o en el trabajo. Cada persona tiene sus historias, pero lo importante aquí es descubrirlas para aprovechar ese anclaje. Y en caso de que no recuerdes ese momento, no te preocupes, porque puedes generar un anclaje y te mostraré de qué manera.

Ponte de pie o en una posición que te agrade, cierra tus ojos e imagínate consiguiendo ese sueño que siempre deseaste. Imagina que estás con tus amigos y seres queridos en la casa que siempre habías deseado tener, todo está perfecto y aquel lugar es maravilloso. De repente en tu imaginación suena tu canción favorita y te dices a ti mismo que está sonando porque significa que eres exitoso, feliz, poderoso. Ahora eleva y duplica esa emoción positiva que acabas de generar. Luego eleva tu emoción al triple, y ahora… ¡Eleva diez veces más esa emoción! En este momento haz un movimiento, (el que sea que te guste). Puedes levantar una mano, puedes brincar, puedes aplaudir, puedes apretar el puño. Haz ese movimiento y sigue pensando en esa situación tan bella.

Lo que acabamos de hacer es una técnica de PNL que nos sirve para generar anclajes. Te recomiendo que reafirmes ese anclaje haciéndolo una vez por semana. De esta manera, el movimiento que realices siempre te traerá emociones positivas, las cuáles debes usar justo antes de salir a dar un discurso o en cualquier otro momento importante para ti.

En mi caso, antes de dar una conferencia hago esto en el camerino o justo detrás del telón. Por favor, no olvides utilizar tus anclajes. De hecho, no solamente los puedes usar antes de la conferencia, sino durante ella. Supongamos que decidiste utilizar como movimiento para generar el anclaje el cerrar y apretar el puño. Entonces es ese mismo movimiento el que puedes utilizar al estar de pie frente a la audiencia en medio de tu disertación.

Una modalidad similar a la del anclaje que he descrito es la que aplicaba el entrenador de baloncesto Phil Jackson, ganador de once títulos en la NBA. En sesiones de meditación con sus jugadores, los invitaba a ir a la cima de una montaña y visualizar allí un lugar sagrado, un templo o algo así. En la meditación reforzaba esa sensación de que ir a ese lugar era algo muy placentero y los llenaba de energía. Luego, incluso en medio de momentos tan rápidos e intensos en los partidos de campeonato como son los instantes de descanso de los jugadores, les pedía que al pasar la toalla por su cara recordaran ese lugar y esa sensación. ¡Y ese simple acto en verdad los empoderaba!

2.- Adquiere la seguridad que da el conocimiento

Seguramente si ahorita mismo yo te pidiera que te situaras frente a un escenario a platicarnos un poco respecto a la física cuántica, no lo harías porque te sentirías en desconfianza al no conocer del tema (a menos que hayas estudiado al respecto). Esto debido a que no te consideras un experto conocedor. No obstante, si yo te pidiera ahorita mismo que me platicaras acerca de tu vida, de tus hobbies, de tu familia, de tus amigos, probablemente lo harías con una mayor fluidez y te sentirías más cómodo con ello.

¡Lo mismo sucede al hablar en público! Cuando conocemos bien el tema que vamos a exponer nos sentimos más seguros. Un pensamiento que puede serte muy útil es el siguiente: El conocimiento infunde seguridad. Profundiza en el tema del que vas a hablar, pues de lo contrario te será muy difícil sentirte seguro al exponer.

Otro medio para salir al escenario con gran seguridad consiste en emplear una buena técnica que he utilizado en los minutos previos a salir frente al auditorio y es pensar que todos me aman, que las personas que están ahí sentadas tienen un genuino interés por escucharme y en ese momento no desean hacer otra cosa más que estar ahí oyéndome. Al hacer esto gano seguridad pues me programo y comienzo a sentir una buena energía, ya que me estoy enfocando en lo que quiero: lograr que la audiencia me escuche y así poder trasmitirles un mensaje efectivo.

3.- Aprovecha la magia de tu sonrisa

En mi libro ¡Te comerán los leones! explico muchos de los beneficios de la sonrisa, la cual no solamente te sirve como una estrategia de empoderamiento, sino también de convencimiento. Al iniciar tu discurso, una buena idea es mostrar una sonrisa natural, pues de esta manera comienzas a ganarte a la audiencia. Expertos consideran que la sonrisa natural es la denominada Sonrisa Duchenne en la cual existe simetría en los labios y una contracción del músculo orbicular. Los ojos se entrecierran (por eso suele decirse "sonríe con los ojos") y se forman pequeñas arrugas. En cambio, una sonrisa falsa es ligeramente asimétrica y no se entrecierran los ojos.

Seguramente has escuchado cuando los dueños de las empresas les piden a sus trabajadores que sonrían. Pues bien, esto se hace para ganarse al cliente y así vender más. Tú lo que quieres es ganarte a la audiencia, y una sonrisa es una gran aliada para lograr ese objetivo. Por otro lado, como ya lo veíamos, nuestro cuerpo tiene memoria, así que una sonrisa natural nos ayuda a sentirnos tranquilos y en confianza, haciendo fácil recordar momentos alegres en la vida y, en consecuencia, denotamos seguridad. Pero ten cuidado, porque una sonrisa mal empleada puede causar un efecto no deseado. Por ejemplo, el hecho de sonreír en exceso puede hacernos perder credibilidad ante la audiencia, pues una persona en estado natural no está sonriendo el 100% del tiempo, sino durante ciertos periodos. Cuando sonreímos en exceso podemos mostrar una falta de carácter o de decisión.

4.- Toma consciencia de tus miedos

Algunas veces pensamos que somos los únicos que tienen dificultad para hablar en público, pero no podríamos estar más equivocados, pues la mayoría de la gente tiene miedo a estar frente a un auditorio. De hecho, en un estudio realizado en los

Estados Unidos de América se concluyó que el miedo más grande del ser humano era el miedo a hablar en público, incluso por encima del miedo a morir.

Es increíble, pero es un miedo que venimos arrastrando desde miles de años atrás. Así que no te mortifiques pensando que eres el único, pues hay más gente con ese temor. Lo bueno es que aplicando lo aprendido en este libro tú serás capaz de superar ese miedo.

Así como detectar la tensión en algún músculo permite poner allí la atención y eliminar esa tensión innecesaria, de igual manera ocurre con tus miedos. A medida que los vas detectando los vas superando, y de hecho (en la mayoría de las ocasiones) descubres que lo que parecía ser motivo de miedo era en realidad algo ilusorio e irreal. Esto lo refleja Robert Fisher en su libro clásico "El caballero de la armadura oxidada" en la escena en la que el protagonista enfrenta con valentía al terrible dragón del miedo, para descubrir que en verdad era un dragón muy pequeño e inofensivo.

5.- No te juzgues

En algunas ocasiones los seres humanos somos duros al juzgar a los demás, pero casi siempre somos aún más duros al juzgarnos a nosotros mismos y esto tiene su lógica, pues dependemos de nosotros mismos y de nadie más.

Así que, si eres una de las personas que se juzgan en forma estricta, evita hacerlo, pues eso solo hará que te enfoques más en tus errores que en tus aciertos y ello hará que no tengas la misma confianza en tu próximo discurso. Recuerda, la gente que está en el auditorio no te juzgará tanto como tú lo haces. Deja de preocuparte por lo que sale mal y empieza a ocuparte en que corregir lo necesario para que todo salga bien.

6.- No permitas que la búsqueda de perfección genere tensión ni inacción

Si te preguntaran: "¿Cómo deseas que te vaya en tu discurso, muy bien o perfecto?". Seguramente dirías que perfecto. Sin embargo, la perfección es algo imaginario cuando de dar discursos se trata, pues un discurso es como una canción: ¡Siempre se puede mejorar! Nunca va a ser perfecto. El problema surge cuando intentamos dar un discurso perfecto y, al no lograrlo, nos frustramos.

El problema de buscar la perfección en un discurso es que se puede generar inacción, pues existe mucha gente que piensa: "Si no lo hago perfecto, mejor no lo hago" Entonces nunca actúan, porque la perfección en estos casos no existe. Deja de aferrarte a la idea de que tu exposición o tu discurso deben ser perfectos. Equivocarse en ocasiones también es bueno (excepto si se trata de un concurso de oratoria), pues genera empatía con el auditorio, ya que te hace ver más humano.

7.- Toma consciencia de la importancia de tu respiración

Se ha dicho con acierto que así como una computadora sin batería jamás va a funcionar, un hombre sin oxígeno jamás podrá hablar. En el mundo de la palabra hablada, en especial ante grupos numerosos, suele ocurrir un problema muy grande: un deficiente manejo de la respiración. Cuando nos agitamos comenzamos a respirar sacando el pecho, lo que hace que nos sintamos en posición de amenaza.

¿Qué hace un gorila cuando ve a su enemigo? Saca el pecho y lo golpea, se pone agresivo. Cuando una persona hace lo mismo, entra en un estado emocional donde lo racional queda en segundo plano. Recuerda que "cuando la emoción sube la razón baja", y ese es el motivo por el que no puedes dejarte llevar por tus emociones negativas en ningún discurso, porque se alterará tu forma de respirar y lo harás sacando el pecho.

Cuando les pido a las personas que respiren en forma consciente, por lo general sacan el pecho y hunden el abdomen, lo cual es incorrecto, pues cuando hundimos el abdomen no le permitimos a nuestros pulmones expandirse en su totalidad y por lo tanto no permitimos que estos funcionen a su máxima capacidad.

Si ahorita intentas respirar y a la vez sacar el abdomen quizá te cueste un poco de trabajo. Pero no te preocupes, pues de hecho ya sabes respirar con el abdomen, pues lo haces todos los días cuando estás dormido.

Lo importante aquí es respirar inflando el abdomen y no el pecho, pues si inflamos el pecho nos alteramos y eso hará que sintamos miedo o emociones negativas.

Respirar correctamente es una de las mejores maneras para entrar en un estado de relajación.

Mi recomendación para respirar es 1-4-2. Si quieres profundizar más en este tema te recomiendo mi libro: ¡Te comerán los leones!

El objetivo de respirar 1-4-2 es el siguiente: por cada segundo que inhales deberás mantener el oxígeno durante cuatro segundos y exhalar en dos.

Como puedes ver, el tiempo de exhalación es el doble que el de inhalación, lo que trae diversos beneficios, entre ellos una mayor relajación. Es por esto que no creo que la gente necesita fumar para relajarse, sino que simplemente necesita saber respirar, pues lo que alguien hace cuando fuma es inhalar y exhalar tranquila y pausadamente. No es el tabaco, sino la pausada exhalación lo que nos hará sentir relajados. Es similar a lo que ocurre cuando cantamos: nos relajamos porque estamos exhalando.

Si eres una persona fumadora, te invito a cambiar ese hábito por el de la correcta inhalación y exhalación. De esta forma tendrás una mejor condición aeróbica y serás un mejor orador.

8.- Haz un buen manejo de tu cuerpo

Una de las causas de inseguridad ante el público es un manejo inadecuado del cuerpo. Como ya lo vimos, el cuerpo tiene memoria, y ahora utilizaremos otro tipo de estrategia para aumentar nuestra seguridad. Cuando no hacemos un buen uso de nuestro cuerpo, nuestro cuerpo hace un mal uso de nosotros. Si estás de pie ante un auditorio con los hombros caídos, la vista hacia abajo, las manos flojas, los pies juntos, escondiendo un poco el cuello y muestras una joroba, no solo te vas a sentir inseguro sino que transmitirás a tu público una sensación de inseguridad. Y este es uno de los mayores errores en el manejo de públicos.

Puesto que el cuerpo tiene memoria, al adoptar determinada postura corporal podemos atraer y recrear un sentimiento. En las películas, cuando veíamos que un grupo de personas golpeaba a un sujeto, por lo general veíamos que esa persona adoptaba una posición fetal y cubría las partes frágiles del cuerpo, como si quisiera esconderse. Eso es exactamente lo que sucede cuando tenemos miedo a hablar en público: parece que nos hacemos pequeños y protegemos nuestras partes frágiles... ¡Obramos como si nos estuvieran golpeando! Imagínate ahora cómo se ve una persona cuando tiene miedo a hablar en público: ¿Cómo luce su cuerpo?

Ahora imagina a una persona empoderada dando un discurso; ¿Cómo luce su cuerpo? Son totalmente opuestos y transmiten sentimientos diferentes. Cuando nos protegemos o nos hacemos "bolita" es por un mensaje inconsciente que manda nuestro cerebro para protegernos de alguna amenaza o para que parezca que "somos tan pequeños que nadie nos puede ver". Sin embargo, nosotros los oradores buscamos exactamente lo contrario: que nos vean y denotar seguridad. Ahora te voy a pedir que analices las dos imágenes siguientes:

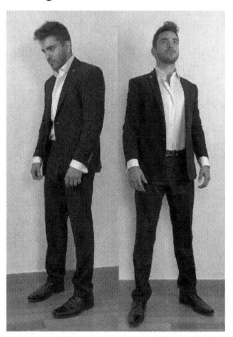

¿A cuál te gustaría parecerte? Sin duda alguna a la segunda, pues transmite mucha más seguridad. Recuerda que un 55% de lo que transmitimos es por medio del lenguaje corporal, un 38% nuestra entonación y solamente un 7% lo comunicamos a través de las palabras.

Por otro lado, del 100% del mensaje que transmite el cuerpo, el 55% lo hace la cara. ¿Crees que vale la pena sonreír? Por eso aprovecha tu cara como medio de comunicación, no solo tus palabras. ¡Gesticula! No solo digas "asco", haz que tu rostro exprese ese asco. Y si hablas sobre un dato sorprendente, muestra cara de sorpresa. La gesticulación debe ser justo en el momento de la pronunciación, nunca después.

A partir de ahora, cuando des un discurso enfócate primero en tu cuerpo (incluyendo la cara) y luego en lo demás. Más adelante veremos otras estrategias sobre el uso del cuerpo, pero por ahora enfócate en los tres puntos que considero los más esenciales:

– Espalda recta y hombros atrás.
– Cuello estirado, mirada apuntando ligeramente hacia arriba y sonrisa.
– Pies apuntando ligeramente hacia afuera y apertura de las piernas a la anchura de los hombros.

Al hacer esto tu cerebro inconsciente estará mandando un mensaje de confianza, que te ayudará a reducir el miedo. Ten en cuenta además que, así como un movimiento consciente transmite la sensación de seguridad, un movimiento inconsciente, no controlado, puede denotar nerviosismo. ¿Has visto a alguien muy nervioso que no deja de moverse para atrás y adelante? Cuida que tus movimientos no sean ocasionados por el nerviosismo.

9.- Busca a quien te infunda confianza

Una estrategia que funciona muy bien es buscar en el auditorio a un amigo, familiar, conocido o inclusive a una persona del escenario que te parezca amigable. De esta manera empezarás a tranquilizarte y podrás llevar de una mejor forma tu discurso. No obstante, no claves tu mirada al 100% en esa persona y conforme vayas adquiriendo confianza ve buscando otros rostros, pues para captar la atención es importante no solo ver a una persona, sino hacer que todos se sientan observados por el orador.

Por otro lado, cuando llegues a este punto en donde puedes ver a cualquier persona sin titubear, en ese momento lo has conseguido, pues habrás llegado al punto de cero temores, allí donde no existe ni la más pequeña porción de miedo en tu ser.

10.- Practicar, practicar y practicar

Te daré tres valiosos consejos: práctica, práctica y práctica. Y también te diré dos reglas:

Regla 1: Práctica.

Regla 2: No olvides la regla uno.

Este libro te podrá ayudar, pero la realidad es que no te ayudará tanto como la práctica. Pero si combinas la teoría que aquí verás junto con la práctica, créeme que serás un gran orador porque:

Teoría + práctica = ¡excelencia!

Así de sencillo, pues el practicar hará que entremos en confianza ya que nos hace saber que somos capaces de ejecutar una acción de manera correcta. Por lo tanto, no olvides practicar porque la repetición es la madre de la habilidad y cuando se sabe que se tiene habilidad, entonces el miedo comienza a desaparecer y la confianza empieza a ganar terreno. Entonces practica hasta comprobar que el mejor orador es el que diciendo poco transmite mucho.

11.- Estira tus músculos y alinea tus emociones y pensamientos

Una forma muy efectiva para reducir el stress es estirar los músculos. Antes de entrar al escenario estira todos los músculos de tu cuerpo, desde los pies hasta el cuello para que de esta forma reduzcas tus niveles de estrés. Esto te ayudará a tener una mejor claridad mental y podrás comunicar de una mejor manera tu mensaje, lo que hace que el miedo disminuya.

Para este manejo muscular es de gran ayuda hacer con frecuencia ejercicios de relajación, en los que, luego de hacer unas cuantas inhalaciones y exhalaciones, aflojas todos los músculos de tu cuerpo, poco a poco, de abajo hacia arriba. Tómate el tiempo que necesites para lograr una relajación profunda y luego lleva tu atención a tu parte emocional e igualmente la aquietas y apaciguas. Luego pasas a tu componente mental e igualmente lo aquietas y apaciguas. Esta práctica que ayudará a establecer una mejor relación entre tu cuerpo físico, tu mundo emocional y tu mundo mental. Esta destreza es sumamente útil porque como conferencista podrás tener un mejor control de tu cuerpo, de tus emociones y de tus pensamientos. De esta manera los podrás "alinear" mejor, lo que permitirá que te expreses con más efectividad.

¿Cómo iniciar tu discurso?

En las primeras conferencias por lo general sentimos grandes miedos pues estamos ante un mundo nuevo en el que no tenemos la suficiente experiencia. Por lo tanto, aquí veremos algunos consejos muy básicos y también estudiaremos la estructura de un discurso efectivo iniciando por la apertura, componente crucial dentro de un discurso.

Lo cierto es que debes tener mucho cuidado en cómo inicias tu conferencia pues si desde un inicio no abres bien no captarás la atención de la gente y podrán pensar que eres aburrido o fastidioso. Tres elementos esenciales que debes tener en cuenta para abrir tu conferencia o discurso son:

➢ Energía y pasión (Llamas la atención)

➢ Humor sano / sonrisa (Generas conexión)

➢ Información útil y acorde con el tema (Aportas valor)

Si tu apertura contiene estos elementos, te aseguro que tendrás un buen inicio, aunque no te frustres si no puedes conseguirlos todos simultáneamente. De hecho, muchas veces el que más se dificulta es el humor, pero es útil saber que lo puedes sustituir con una sonrisa natural dirigida a tu audiencia. Así que intenta abrir con energía, pasión, humor o sonrisa y también aporta conocimientos que sean realmente importantes para tu audiencia.

Por otro lado, una buena idea para empatizar con la gente y no parecer arrogante es la estrategia que llamo "el buffet". En muchas conferencias digo a los asistentes: "Señoras y señores, esta conferencia es como un buffet. Cuando vas a un buffet ves muchos platillos. Habrá algunos que te gusten y otros que no. A la larga tú decides qué platillos llevarte. Lo mismo sucederá en esta conferencia: habrá cosas que te gusten… ¡Llévatelas! No obstante, aquello que no te guste o con lo que no estés de acuerdo, simplemente déjalo ahí, pues no tengo la verdad absoluta.
Al hacer esto la audiencia te verá como a alguien sencillo y nada arrogante. Esto es empezar bien.

Tip de cierre y apertura: puedes iniciar contando una historia y de repente interrumpirla, o con una pregunta sin respuesta. Por ejemplo:

"¿Sabes que respondió JC Penney (fundador de la gran empresa que lleva su nombre) cuando le preguntaron cómo se sentiría si perdiera todo su dinero? En ese momento, antes de responder a esa pregunta, te presentas y dices: "Buenos días, mi nombre es…" y continúas con tu conferencia de forma normal. Y cuando ya estás por terminar, dices: "Ah, por cierto, lo que JC Penney respondió cuando le preguntaron sobre cómo se sentiría si perdiera todo su dinero fue que simplemente no se preocuparía, pues nada ganaría preocupándose. Señores, aprendamos de él, dejemos de preocuparnos y empezamos a ocuparnos.

Al hacer esto generaste algo de expectativa, es como si hubieras inyectado en tu audiencia un veneno que los deja con la duda desde el inicio. Y cuando sólo les das la respuesta al final, es como si les dieras ese antídoto y en ese momento se sentirán satisfechos.

Estado emocional inicial

Si llegas gritando a una conferencia y las personas estaban malhumoradas, generarás un contraste que no te ayudará a crear conexión. Por eso es importante entrar en el estado emocional de la audiencia y sumarle un poco de entusiasmo. Siempre entra prácticamente al nivel de ellos y adiciónale un pequeño nivel de energía y entusiasmo. Esto para que no choques con ellos y a la vez los vayas dirigiendo hacia el punto emocional en el que quieres que se encuentren. Recuerda que para transmitir pasión no sirve decir: "apasiónate". En cambio lo que sí sirve es apasionarse uno mismo y transmitir esa energía positiva.

Conecta con tu audiencia

Simplemente entra en sintonía con tu público. Un gran error que se viene cometiendo en los clubes de oratoria es abrir gritando fuertemente para captar la atención. Estoy de acuerdo en que debemos captar la atención, pero no a costa de una mala primera impresión, pues muchas veces aunque al iniciar gritando sí captamos la atención, estamos pagando el alto precio de hacer sentir incómodo al público y ese no es el objetivo.

La mejor manera de iniciar una ponencia es captando la atención a la vez que entramos en el mismo canal de nuestro público. Por ejemplo, en una conferencia donde hacía mucho frío, al iniciar dije:

"Woooow que frío es este lugar, aunque no tan frío como el corazón de mi exnovia. ¡Buenos días a todos!".

Este inicio fue muy bueno pues conectó con la audiencia porque ellos también estaban sintiendo frío. Por otro lado logré captar la atención de las personas puesto que un buen chiste siempre es agradable para todos. El comenzar de esta manera generamos una buena primera impresión y así logramos que la audiencia quiera estar atenta porque sabe que tenemos algo por decir que puede serles de verdadera utilidad.

Imagina que en aquella presentación hubiera iniciado gritando de la siguiente manera.

"El éxito es el resultado de la suma de la constancia y el esfuerzo. Buenos días a todos…". Aunque la frase es buena, lo más probable es que no hubiera conectado efectivamente con la audiencia porque no habría entrado a su mismo canal. Por otro lado, si tú los haces reír unas 3 veces durante los primeros 5 minutos, créemelo, te los habrás ganado debido a que los has conducido a un estado emocional positivo, receptivo y eso hará que tus próximos chistes funcionen aún mejor.

Supongamos que las personas que se encuentran en el auditorio en donde darás tu ponencia están tristes por algún suceso que haya ocurrido. Esto significa que no puedes entrar diciendo un chiste, puesto que esto sería lo más ilógico. Ya que primero debes empatizar con sus emociones para poder guiarlos hacia donde quieres, en ese caso espero que sea una emoción positiva. Y una buena idea para sintonizar con una audiencia que está triste, es decir:

"Señoras y señores su compañero me acaba de platicar lo que ha sucedido, y este tipo de hechos son realmente lamentables, lo siento mucho, lo siento de todo corazón".

Al decir esas palabras ya fuiste empático con tu audiencia. Por lo tanto tienes más probabilidades de que conecten contigo. Grave habría sido empezar a hablar sin mostrar interés alguno por lo sucedido.

¿Ahora ves la diferencia entre conectar y llamar la atención? Si en ese momento hubieras salido simplemente a querer captar la atención y hubieras dado un grito con alguna frase como: "El poder de tu ser está en tu capacidad de creer", habrías generado un efecto contraproducente, pues aunque la frase es buena y seguramente con ella habrías captado la atención, no habrías conectado con el público y tu discurso perdería efectividad.

Quiero aclarar en este parte del libro, que las técnicas que veremos aquí son sumamente efectivas y poderosas para convencer a las audiencias. No obstante, el mal uso de lo que está escrito, por ejemplo manipulando al público, ya no es responsabilidad mía, sino del lector. Por eso espero de todo corazón que quién este leyendo esto use estas técnicas para algo que trabaje en pro de la humanidad.

Tip: Platícale a las personas por qué te gusta el tema del que vas a hablar, ya que al hacer esto la gente se convence más.

Puedes iniciar tu presentación con una o más preguntas

Una manera efectiva para iniciar una conferencia y conectar con la audiencia es hacer preguntas, puesto que esto obliga a que el auditorio piense o intente buscar una respuesta. Pero ten en cuenta que al inicio de un discurso es muy normal que la gente sea tímida y no responda, por lo que una buena idea es iniciar con preguntas cerradas, preguntas que tengan como respuesta si, no, bien, etc.

Por ejemplo:
"Que tal, buenos días, antes de iniciar quiero hacerles unas preguntas:
¿Les gustaría ser mejores personas?... Sí
¿Les gustaría aprender cosas nuevas hoy?... Sí
¿Les gustaría ser más felices? ...Sí
Entonces los felicito porque están en el lugar adecuado. Buenos días, me presento, mi nombre es...".

De este modo conectas con la audiencia al generar unas preguntas de respuesta sencilla y positiva, lo que los programa para entrar en un buen estado. Además, después de las respuestas muchas personas suelen desestresarse.

Al hacer las preguntas y obtener respuestas grupales elevas el nivel de energía de la audiencia, captas la atención y desinhibes al público. Esto lo he hecho en bastantes presentaciones y hasta ahora sigue funcionando a la perfección.

Al hablar con una sonrisa, a una buena velocidad y a un buen volumen generas una mejor impresión que el empezar solamente con una frase de poder. Esto último suele enseñarse en los clubes clásicos de oratoria y lo considero contraproducente, porque enseñan a captar la atención sin valorar la conexión.

En el marketing sucede lo mismo. Siempre nos dicen: "Capta primero la atención para después vender". Pero se trata de captar la atención con algo agradable y oportuno. No olvido aquel día en el que llegué a una de las sedes de una famosa cadena de restaurantes y vi que varios meseros discutían acaloradamente. Aunque eso definitivamente captó mi atención, no me generó una buena impresión ni permitió que yo conectara con ese negocio. Al contrario, generó en mí un rechazo hacia ellos. Por lo tanto, ten cuidado de generar una buena impresión para conectar, antes que solamente captar la atención. De hecho, captar la atención es muy sencillo. Simplemente grita al iniciar o vístete y arregla tu pelo de una forma extravagante y te aseguro que captarás la atención. Pero es que nuestro discurso no debe ser sólo para captar la atención, sino para persuadir. Y para lograrlo es importante que estemos en sintonía con quienes nos escuchan, pues de lo contrario será imposible convencerles.

Aunque sencillo, es importante lo que te he estado diciendo y por eso te invito a recordarlo: la clave de una buena apertura es captar la atención y crear conexión. Si logras hacer esto habrás iniciado de una muy buena forma.

Y en caso de que para ti sea crucial iniciar con una frase de impacto, adelante, hazlo. Pero no olvides inmediatamente después de ello generar conexión.

Recuerdo muy bien que en un concurso de oratoria, justo antes de empezar a hablar, tropecé accidentalmente y caí en frente de todos. La gente se asustó y yo me encontraba en el piso. Aún así tomé el micrófono y estando en el piso dije: "Caer es válido (en ese momento me puse de pie) … pero levantarse es obligatorio". En aquel momento el auditorio me recibió con un fuerte aplauso.

Evidentemente ese día salí ganador de aquel concurso y como premio fui entrevistado en el programa People & Money.

Tip: Una buena pregunta despierta la curiosidad del público y capta su atención. Por lo tanto, no solo hagas preguntas al inicio, sino también durante tu conferencia.

¡Sorprende a tu público y atrae su atención!

Entretenimiento + información de valor + seguridad = Discurso exitoso

Si entretienes a tu audiencia (haces que pongan atención), les das información de valor (qué tan útil es la conferencia) y rematas mostrando seguridad en lo que dices, créeme: tienes una gran conferencia por ofrecer.

¿Recuerdas cómo inicié con una caída al dar un discurso? Pues bien, al mostrarnos vulnerables, como en el caso de mi caída, generamos empatía con la audiencia, lo que genera una buena conexión, además de que la caída en si es una gran forma de captar la atención.

Esta manera de iniciar puede ser dudosa, por supuesto, pero si es espontánea a la gente le agrada porque se genera un efecto sorpresa. Además, si la utilizas, seguramente alguien llegará al final contigo y te dirá: "¿Si te caíste o fue planeado?". Esto debido a que captaste de forma extraordinaria su atención y ahora quiere saciar su curiosidad.

Una forma en la que yo he iniciado una conferencia para buscar conexión con el público ha sido la siguiente:

En un concurso regional de oratoria, en donde participaba contra personas de otros estados, inicié el discurso temblando. Frotaba mis manos en el pantalón y la gente pensaba que no podía hablar por el miedo. De repente empecé a hablar y dije:

"Señores es muy importante que comprendamos que para lograr...perdón... no puedo hacerlo". En ese instante la gente se quedó atónita, pensando que me había congelado por el miedo. Mi voz era apagada y temblorosa, y mi lenguaje corporal daba a entender que moría de pena. Por lo tanto, había captado su atención y justo cuando estaban en ese pico de atención, retomé las últimas palabras que había pronunciado: "no puedo hacerlo, pero no puedo hacerlo si me da miedo, porque el miedo es..." y justo ahí elevé mi volumen, dejé la voz temblorosa y me enderecé. Evidentemente mi discurso hablaba acerca del miedo, así que iniciar como un miedoso encajaba perfectamente con la temática.

Aquel día obtuve el primer lugar en el concurso. Ese es el poder de saber utilizar bien esta herramienta de apertura.

Otra estrategia para captar la atención es hacer uso de las emociones. En este caso no solo puedes hablar de lo positivo sino también de lo negativo. Mi sugerencia es que utilices emociones negativas y cierres con emociones positivas. Por ejemplo en una conferencia dije lo siguiente: "Tenemos un problema: estamos contaminando demasiado, nuestro cuerpo se está debilitando debido a que ya no respiramos el mismo oxígeno que antes, y las frutas ya no contienen las mismas vitaminas ni minerales y en cambio contienen más y más químicos dañinos". Ahí generé emociones negativas como tristeza, enojo o desesperación, y luego introduje las emociones positivas: "Lo bueno es que ya están inventando nuevos sistemas de purificación, ahora los vehículos contaminan menos, ya existen los carros eléctricos, estamos desarrollando nuevas tecnologías y...".

De esta manera generé emociones positivas. Sin embargo, si quieres cerrar con broche de oro, haz una combinación de: Emociones negativas + emociones positivas + acción personal. Por ejemplo, puedes cerrar tu discurso diciendo:

"Lo que puedes hacer ahora es comprar un vehículo eléctrico. De esta forma ayudarás a cuidar el planeta y por si fuera poco ahorrarás dinero en gasolina".

Algo también muy útil para atraer la atención y lograr que la gente piense que dirás algo muy profundo –aunque este consejo no se aplica para concursos de oratoria– es hacer lo siguiente. Antes de decir una frase profunda, de impacto y reflexión, dirige tu mirada hacia arriba, a tu derecha y adopta una expresión que denote pensamiento.

Entrecierra los ojos, abre levemente la boca, el ceño ligeramente fruncido, una pausa y después volteas a ver al público y…. sueltas la frase.

Esta estrategia es sumamente efectiva para algún mensaje de reflexión. Utilízala y pronto verás buenos resultados.

Qué hacer si no sabes qué decir o si olvidas tu discurso

A todos los oradores les ha ocurrido que en algún momento no saben qué decir o simplemente lo olvidan. Aunque en este libro aprenderás técnicas para no olvidar, ahora veremos qué hacer en el caso de que olvides lo que vas a decir.

1ª estrategia

Debes tener siempre preparada alguna dinámica en la que recuerdas tu discurso, pues suena mal decir: "¿En que estábamos?". Por ejemplo, me ha llegado a suceder que olvido lo que iba a decir o el tema en el que estábamos, así que en ese momento aplico una dinámica que me ayuda a descubrir en que estábamos. Esta dinámica no solo sirve para desestresar, sino que también ayuda a mantener la atención y romper con la monotonía. Por ejemplo, lo que hago en estos casos es pedirle a las personas del auditorio que cada una le comente a la persona del lado qué ha sido lo que más le ha llamado la atención de lo último que vimos. Así, mientras hacen la dinámica, me acerco, escucho y regreso al tema.

2ª estrategia

Siempre puedes voltear a ver tu presentación para usarla como guía. Pero si no sabes qué sigue y quieres verte muy profesional y no voltear a la pantalla, lo que puedes hacer es pedir a una persona del público que lea con volumen alto el texto en la diapositiva. De esta forma no tienes necesidad de voltearte y la persona que lee se conecta más con tu exposición. Solo asegúrate de que esa diapositiva tenga texto y no solo una imagen, pues de lo contrario vas a hacer el ridículo.

3ª estrategia

Si olvidaste qué es lo que sigue, con esto ganarás tiempo para recordar: pide al público que anote en una hoja los tres conceptos que le han parecido más importantes hasta ahora. Mientras ellos lo escribes tienes tiempo para relajarte, respirar y recordar lo que sigue.

Existen muchas estrategias que puedes utilizar en caso de que olvides lo que estabas por decir. Las que he descrito son las que más utilizo. Recuerda que estas estrategias deben parecer naturales, para que nadie sospeche que olvidaste tu discurso.

Metodología V.V.V.

Quizá esta es la parte más técnica del libro, y te voy a pedir que pongas mucha atención pues en esto se basa un 90% de las técnicas que actualmente se enseñan en los clubes de oratoria. Las he resumido en las tres V.V.V.

Así que pasemos a la primera V, a mi parecer la más importante:

Velocidad

Cuando una persona habla con lentitud transmite ciertas cosas, como paciencia, tranquilidad, sensatez, aunque también puede estar enviando un mensaje distinto como el de pereza, falta de agilidad mental o desinterés.

Por otro lado, el hablar a una velocidad rápida puede transmitir mensajes como juventud, energía, pasión. Pero al hablar demasiado rápido también puedes comunicar nerviosismo, inmadurez o insensatez.

Y es aquí donde comienza la magia. ¿Cómo saber cuándo estoy hablando muy rápido o muy lento?

Primero, el hablar lento puede aburrir al público, así que ten cuidado de no hablar tan lento como para que tu público se distraiga. Si notas que tu público está comenzando a distraerse y la velocidad de tu discurso es muy pausada, agiliza tu discurso, pues de lo contrario te será difícil mantener su atención. Al hablar a una velocidad sumamente rápida puede ocurrir algo similar, pues muchas veces al hablar rápido no pronunciamos bien las palabras y esto hace que la gente no comprenda lo que decimos, con lo que nuestro mensaje pierde efectividad.

Mi recomendación en cuanto a la velocidad es que es preferible hablar rápido que hablar lento (siempre y cuando seas entendible), pues hablar rápido transmite más emociones que hablar lento. Esto lo saben los locutores de radio, así que hablan rápido para emocionar al público. Y ten siempre presente que las emociones nos mueven más que las razones. Además, la gente recuerda más como se sintió que las palabras que escuchó. Ponte a pensar en un narrador de un partido de futbol. ¿Qué hace cuando el delantero está a punto de anotar? Aumenta su velocidad para transmitir emoción y aunque algunas veces las palabras ni siquiera se entienden, el mensaje sí se capta a través de la emoción que le impregna. Lo ideal para emocionar es tener velocidad con una buena dicción. No estoy diciendo que la única forma de entusiasmar es hablando rápido, pues también se puede inspirar al hablar con lentitud, aunque por lo general es más sencillo motivar hablando rápido que hablando lento. Además, cuando hablas muy lento, creas espacios para que la gente se distraiga.

Lo que debes hacer es hablar con velocidad para transmitir más emoción, en especial si tu objetivo es motivar a una audiencia. No obstante, debes tener cuidado de no estar hablando todo el tiempo demasiado rápido.

Aunque seas un fanático de los chocolates, después de haber comido 2 o 3 ya estarás satisfecho y posiblemente ya no quieras más. Por lo tanto, si alguien te ofrece más lo rechazarás. Lo mismo sucede con un discurso. Si todo el tiempo estás hablando a una velocidad rápida, lo único que lograrás será generar rechazo por parte del auditorio. Y este es un componente crucial para hablar exitosamente en público: saber combinar la velocidad rápida con la lenta.

Debo aclarar que no porque yo te recomiende utilizar una velocidad rápida eso significa que te deshagas de la lenta. Para nada, puesto que hablar despacio también es muy importante. Por ejemplo cuando vas a decir algo triste, lo ideal es bajar la velocidad, para así agregarle ese efecto dramático a las cosas que estás diciendo.

A mi gusto el mejor orador de la actualidad es Anthony Robbins, un hombre con una capacidad extraordinaria para comunicar. Suele comenzar sus conferencias a las 8 de la mañana y las termina a las 12 o 1 am del día siguiente. Es decir, habla 16 horas seguidas y sin perder el interés ni la atención del público. Además, tiene auditorios de 12.000 personas, con precios de entrada que oscilan entre los 700 y los 4.000 dólares. ¿Será buen negocio ser conferencista? La respuesta es sí, pero solo si se hace con pasión, con habilidad y con visión.

Pero ahora te estarás preguntando: ¿Porque se menciona aquí a Tony Robbins? Porque existen varios secretos dentro de sus conferencias y uno de ellos es la velocidad. Tony por lo general tiene una velocidad alta al hablar. Ahora, si nos ponemos a pensar, nuestro cerebro es una maquina sumamente poderosa, capaz de recibir y asimilar mucha información. Tu cerebro es tan potente que puede estar haciendo más de una cosa a la vez. Cuando le hablas demasiado lento a tu cerebro, él quiere ver qué más puede hacer, y es allí cuando se inicia la distracción. Si crees que tienes algún problema para hablar a una alta velocidad, no te preocupes, más adelante veremos unos ejercicios de agilidad mental que te ayudarán a hablar más rápido sin trabarte.

Velocidad 0

Ya vimos la velocidad rápida y la velocidad lenta. Ahora veremos lo que yo llamo velocidad 0, o sea, una pausa. Esta es una parte que a veces frustra mucho a los oradores cuando no la saben utilizar, pero que cuando es bien empleada cautiva al público. Haz tu mismo la prueba, y dile a tu pareja, mamá, hijo, o algún ser querido.

"Ey, te amo",

y después de unos días dile:

"Ey...............(pausa)....................Te amo",

Verás que tiene mucho mayor impacto la segunda, pues una pausa es una excelente estrategia para captar la atención. Si todo el tiempo has estado hablando rápido, la pausa va a generar un contraste muy favorable para captar la atención de tu audiencia.

La pausa tiene buenos efectos:

1. Genera expectativa en la audiencia.

2. Genera una sana ansiedad, pues tu público desea que digas ya lo que tienes por decir y esto capta su atención.

3. Te ayuda para que puedas respirar.

4. Da tiempo a la audiencia para que puedan asimilar la información que les acabas de presentar.

5. Puede generar suspenso.

6. Te ayuda a evitar el empleo de muletillas (eeehhhh, esteeee, mmmmm).

En estos tres puntos que acabamos de ver sobre la velocidad, rápida, lenta y cero, la clave consiste en saber combinarlos, aunque el que más te recomendaría sería el de la velocidad rápida.

Volumen

Este es el favorito de los oradores tradicionales, pues ellos se enfocan en subir y bajar el volumen constantemente. Sin embargo, aquí hay que tener cuidado. En mi experiencia he comprobado que la velocidad es todavía más importante que subir y bajar el volumen pues capta más la atención. No por eso debemos descartar esta herramienta, ya que el elevar el volumen también es una buena estrategia para despertar interés.

El volumen elevado se puede usar muy bien cuando queremos contagiar pasión, entusiasmo y energía. Funciona de maravilla este volumen cuando es mezclado con una velocidad rápida para dar un mensaje motivador. Pero no por eso debemos olvidarnos del volumen bajo, el cual también es adecuado cuando lo mezclamos con pausas y una velocidad lenta. De este modo podemos transmitir emociones y actitudes como tristeza, reflexión, suspenso o seriedad.

Si yo fuera a decir alguno de los siguientes mensajes lo haría de la siguiente forma:

"Me duele ver cómo la pobreza está acabando con nosotros (Pausa)... y no hablo de la pobreza física, sino de la mental". (Aquí utilizaría un volumen bajo y velocidad lenta).

"Solo hay una forma, un camino, una guía hacia el éxito (Pausa)....... ¡Se llama pasión!".
(Aquí utilizaría un volumen alto y velocidad rápida, pero aún así mantendría una pausa antes de terminar y decir: ¡Se llama pasión!).

Al igual que en la primera V, de velocidad, aquí también tenemos tres tipos distintos de volumen: el alto, el natural (con el que hablas todos los días) y el bajo. La clave consiste en no utilizar solamente uno, sino en combinar los tres sin que se vea artificial y procurando que sea lo más natural posible.

TIP: recuerda que al transmitir algo debemos sentirlo para poder comunicar de una manera más efectiva nuestro mensaje.

Voz

Esta parte también es muy importante y si no lo crees imagina lo siguiente:

"¡Qué listo eres!" – Tu esposa diciéndote en tono sarcástico, cuando llegaste a las cinco de la mañana a casa.

Aunque las palabras sean positivas, es el tono con el que se dice lo que le da el significado real a nuestro mensaje. Lo mismo sucede al comunicar, y para ello debemos entender que tenemos básicamente tres tonalidades: aguda, grave y neutral.

El empleo de estas tres tonalidades ayuda a captar la atención pues rompe con la monotonía. Por otro lado, las voces impostadas (cuando hablamos más grave o agudo de lo que acostumbramos) son maravillosas cuando queremos interpretar o darle vida a un personaje.

Conclusión: Utiliza volumen alto y bajo, velocidad lenta y rápida, mezcla las diferentes tonalidades, prueba de todo, mientras más combines y más mezcles más captarás la atención. Experimenta esto tanto como puedas con tus amigos y/o familiares. Recuerda: práctica, práctica, práctica.

Tip: aunque hacer uso de una voz grave transmite mayor firmeza, confianza y poder, nunca hagas un sobreesfuerzo para impostar una voz, pues eso podría afectarte y hacer que la audiencia te perciba como artificial.

Lo artificial vs lo natural

Llegamos a una parte importante del libro, basada en comparar lo artificial con lo natural. Imagina que vas al supermercado y encuentras la manzana perfecta, aquella que se ve jugosa, brillante, sin mancha alguna. Pero, por otro lado, recuerdas las manzanas del rancho, que si bien no eran tan perfectas como las de este supermercado –quizás tenían unas pocas manchas y su forma no era perfecta– aun así sabían exquisitas. Estando aún en el supermercado decides comprar la manzana "perfecta" y al llegar a casa te encuentras con la menuda sorpresa de que tienes visitas, son tus abuelos. Y ellos traen consigo una canasta, precisamente llena de manzanas del rancho.

Así que decides probar una de aquellas manzanas y sientes la gran diferencia en cuanto al sabor. Además, después investigas y ves que aquella manzana no tenía conservantes y por lo tanto es muy nutritiva. A la mañana siguiente despiertas y ves la manzana que habías comprado en el súper. Te llama la atención pues aunque sigue prácticamente igual, brillosa y al parecer está jugosa, al probarla te das cuenta de que no tiene el mismo sabor. Después lees un artículo en internet en el cual se menciona que aquella manzana dura más tiempo que las de rancho porque tiene muchos conservantes y químicos, lo que hace que pierda sus propiedades nutricionales.

Ahora te pregunto: ¿Qué manzana desearías comer la próxima vez? Seguramente la de rancho, pues aunque no se vea tan perfecta y quizá tenga una o dos manchas, no es artificial y es mucho más nutritiva. Lo mismo sucede con los discursos. Cuando hacemos un discurso y queremos que llegue a la perfección, como la primera manzana, este pierde sus propiedades nutritivas, pues cuando nuestros movimientos se ven ensayados (artificiales) perdemos credibilidad y nuestro discurso, al igual que la manzana, se vuelve menos nutritivo.
Es por ello que no debes mortificarte si cometes un error, pues el auditorio empatizará más con la gente que se pueda mostrar como un "ser humano natural" y no uno artificial que "nunca se equivoca".

Lo que sugiero no es precisamente que cometas errores, sino que no te estreses a causa de ellos, pues muchas veces los errores en vez de afectarnos (a menos que estés en competencia) nos pueden favorecer para crear conexión con la audiencia.

Otro punto muy importante a la hora de evitar parecer artificial es evitar ser un robot. Los movimientos robotizados son lo más antinatural. A continuación veremos cómo hacer uso de las manos para evitar parecer robots y mostrarnos más como seres humanos y menos como títeres

¿Qué hacer con mis manos al hablar?

Comúnmente las personas tienen problemas al momento de elegir cómo poner sus manos. En los cursos de oratoria constantemente se recomienda la posición de diamante o la posición de pirámide, ilustrada en la siguiente imagen.

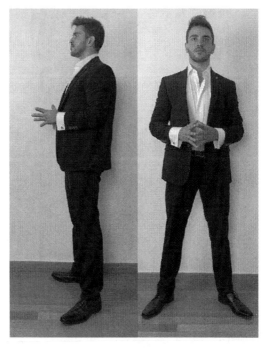

Manos en posición de diamante

1.-Píramide

Si bien esta posición puede transmitir confianza, equilibrio y simetría, también puede generar otro efecto y es el de perder naturalidad. De todos los grandes oradores que conozco, no he sabido de nadie en la actualidad que utilice esta posición, pues les resta naturalidad. No obstante, el principal motivo por el cuál debes decidirte entre si usar o no esta posición es la confianza. ¿Cómo te sientes al adoptar esta posición? ¿Te tranquiliza? ¿Te ayuda? ¿Te da confianza? De ser así, utilízala. Pero no olvides ir sacándola del repertorio para que en un futuro puedas estar cómodo sin hacer uso de esta posición que no es de lo más natural.

Otro concepto importante que debemos entender es que al poner las manos frente a nosotros pueden generar una especie de escudo psicológico, pues de esta manera nos sentimos protegidos. Sin embargo, recuerda que tu cuerpo comunica, por lo tanto el cruzar los brazos puede ser desfavorable, ya que estás creando una barrera de comunicación entre tú y tu audiencia. ¡Evita las barreras, evita cruzarte de brazos! Y por favor, nunca dejes que el movimiento de una mano contradiga a la otra, o que una mano no vaya de acuerdo con lo que dices pues... ¡el cuerpo habla!

Quizá hasta este momento estés conociendo algunos principios que te ayudarán bastante, pero probablemente aún no estás convencido de qué hacer con tus brazos y manos, así que ahora veremos otras técnicas.

2.- Naturalidad

Tus brazos deben ir de manera natural. Te recomiendo observar cómo tienes tus brazos cuando estás platicando de algo que te gusta con gente de confianza. Cuando hayas observado cómo utilizas los brazos en estas situaciones, trata de replicar los movimientos a la hora de estar hablando en público. Este consejo se aplica para cualquier otra parte del cuerpo.

3.- Pronación, neutralidad y supinación

La posición de nuestras manos afecta el mensaje, pues si tú dices:

"La amo" y justo en ese momento aprietas el puño, seguramente no tendrá el mismo efecto que si dices "la amo" y llevas la mano al corazón. Es por ello que debemos cuidar siempre lo que decimos con nuestras manos. Y para esto es importante entender que existen básicamente tres formas en las que podemos tener la posición de nuestras manos.

3.1 Pronación

Esta es la posición autoritaria y de poder, una posición clásica que usa Donald Trump para mostrarse como el hombre "Autoritario"

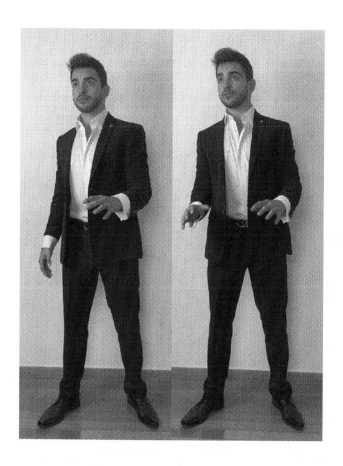

Esta posición (que al igual que las otras puede hacerse con una mano o con ambas) no la recomiendo puesto que puede hacernos parecer sumamente autoritarios o arrogantes, y eso no es bueno pues no genera empatía con la audiencia. Por el contrario, en muchas ocasiones puede generar rechazo. ¿Qué opinas tú de Donald Trump?

3.2 Neutralidad

Esta es mi posición favorita cuando se trata de las manos, porque transmite acción, lo que es muy importante en un discurso, pues nos muestra como gente de acción y no solo de palabras. Cuando vas a explicar algo, es muy sencillo hacer ademanes con las manos cuando se tiene esta posición (con los brazos a 90°).

Acuérdate siempre de mezclar para experimentar distintas posiciones. Por ejemplo, en algunas ocasiones es bueno tener solamente una mano en posición de acción y la otra descansando, aunque en ocasiones lo ideal es tener ambas en posición de acción.

Recuerda que para verte lo más natural posible debes actuar como cuando lo haces al estar en presencia de gente que te agrada hablando de un tema que te gusta. De esta manera muestras confianza. (Este es uno de los secretos más grandes que debe utilizar todo buen orador).

3.3 Supinación

Mostrar las manos es un gesto que transmite veracidad, agradecimiento o súplica. Además, esta suele ser también una muestra de agradecimiento o de plegaria, como lo hacen las personas al rezar.

Mostrar las manos de esta manera es una buena idea si vas a agradecer a alguien durante tu ponencia (y te aconsejo que lo hagas pues hablará muy bien de ti).

Resumen de posición de manos.

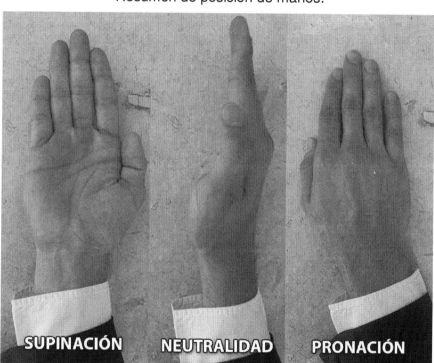

SUPINACIÓN   NEUTRALIDAD   PRONACIÓN

4.- Manos en los bolsillos

Aunque en un concurso es sancionado tener las manos en los bolsillos y constantemente nos han dicho que no lo hagamos, tenemos que entender que la autenticidad reina sobre las reglas. Por esto es importante que actúes como tú y no como alguien impostado. Si sientes mucha más confianza con las manos en los bolsillos, ponlas así pues vale más que te sientas en confianza con tus manos adentro, que en desconfianza con las manos afuera. Debo aclarar, eso sí, que en un discurso de competencia no es recomendable poner las manos en los bolsillos. Recuerda que para transmitir confianza la debes sentir.

Tony Robbins, a quién ya hemos mencionado anteriormente, utiliza mucho esta técnica: las manos en los bolsillos, aunque en su caso la mano no está del todo dentro del bolsillo, pues él suele dejar los pulgares por fuera, lo cual es un símbolo de poder, herramienta que él utiliza para persuadir a sus audiencias.

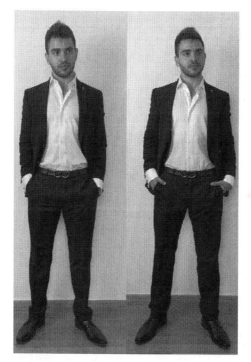

Observa la diferencia entre tener los pulgares dentro o fuera del bolsillo. Sin duda alguna el tenerlos fuera transmite mayor jerarquía.

El problema de las manos en los bolsillos puede ser el momento en el que las metes. Por ejemplo si durante toda tu conferencia no metiste las manos al bolsillo y justo cuando hablas acerca de "cómo amas los partidos políticos" metes las manos, ahí habrá algo raro y tu audiencia lo podrá percibir. Entonces ten cuidado, pues el momento en que lo hagas puede denotar desconfianza en lo que se dice o desconocimiento.

Recuerda: todo uso excesivo de algún recurso es contraproducente.

Conclusión: si tienes más confianza con las manos en los bolsillos, utilízala esta técnica, pero nunca por un tiempo excesivo ni las introduzcas en un mal momento. Poco a poco, ve intentado sentirte con más y más confianza sin necesidad de introducir las manos.

Tip: si te has dado cuenta de que al hablar solo haces expresiones con una mano y la otra permanece inactiva, lo que puedes hacer es meter al bolsillo la mano que usas mucho, para que de esta forma se empiece a activar la mano que mantienes más inactiva.

¿Señalar?

Señalar siempre ha sido considerado como un ademán de agresividad, pues parece que estamos culpando. Cuando éramos niños y nos preguntaban: "¿Quién rompió el plato?", nosotros señalábamos al responsable. Por lo tanto no nos gusta que nos señalen porque muchas veces puede parecer acusación. Sin embargo, puede ocurrir un efecto contrario, ya que si dices:

"Aunque has atravesado por situaciones problemáticas, los problemas no te han atravesado a ti… es por eso que tú (y en ese momento señalas a alguien) eres capaz de lograr lo que te propongas".

En ese momento al señalar estamos haciendo responsable a alguien de algo, pero lo bueno es que lo estamos haciendo responsable de algo positivo (lograr lo que se proponga), por lo tanto aquí sugiero señalar pues verás cómo conectas con la persona que señalaste, y con el auditorio, creando además una buena atmosfera. No olvides que el dedo que más transmite es el índice.

Conclusión: señala sólo para adjudicar atributos positivos. En caso de que vayas a señalar a una persona o a un lugar, puedes apuntar con dos dedos para que tu movimiento no se perciba como agresivo. En caso de que vayas a señalar a una persona o a un lugar, puedes apuntar con toda la mano o si deseas ser más específico, hazlo con dos dedos para que tu movimiento no se perciba como agresivo.

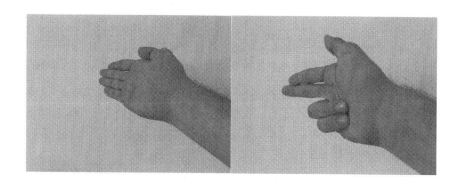

Tips para hablar con poder

Para hablar con poder se requiere conocimiento y se requieren agallas. Las técnicas que verás a continuación, que te permitirán hablar con poder, las podrás utilizar siempre y cuando hayas roto la barrera del miedo, ya que son técnicas avanzadas. Y si bien son un poco más complejas, te ayudarán a mostrar una mejor imagen ante la audiencia.

1.- Uso del escenario

Hay muchas formas de hacer un uso efectivo del escenario, y la primera de ellas consiste en bajar del mismo en momentos oportunos. Para descender del escenario es importante sentirnos en confianza, pues de lo contrario se podría ver afectada nuestra seguridad. Por ello te recomiendo que practiques esta técnica cuando hayas llegado a ese punto donde el miedo a hablar en público no representa amenaza alguna.

En un evento en Aguascalientes

Bajar del escenario genera un efecto positivo y conecta muy bien con los kinestésicos, pero lo importante es asegurarte de que ninguno de los participantes te pierda de vista. Si por alguna razón al bajar del escenario notas que una parte de la audiencia perdió contacto visual contigo, no te preocupes, simplemente regresa tranquilamente al punto inicial. El beneficio de bajar es que generamos empatía con la audiencia puesto que nos ponemos "al mismo nivel" que ellos. Además, bajar del escenario transmite autoridad, es como si con tu cuerpo estuvieras diciendo "Estoy en mi terreno y me puedo mover en él a mi gusto".

También es importante que entiendas cómo desplazarte en el escenario. La primera recomendación es que siempre estés atento para no perder la visibilidad de las personas, pues muchas veces, aunque el orador se siente cómodo desplazándose, puede ocurrir que algún punto del escenario sea un punto ciego (es decir, que parte de tu audiencia no te puede ver) y esto resta conectividad.

Una estrategia muy sencilla para desplazarte es estar en el centro del escenario, caminar hacia la izquierda, después a la derecha y terminar en el centro. Aunque no es obligatorio terminar un discurso en el centro, esto siempre es bien recibido por parte de la audiencia pues es iniciar y terminar en el mismo punto, es como cerrar un ciclo, similar a cuando los oradores abren una conferencia con una frase y con esa misma frase terminan su ponencia.

Otra recomendación en cuanto a uso del escenario es que no camines hacia atrás cuando estás hablando, pues eso denota inseguridad y la audiencia puede percibir que te falta convicción al decirlo, y eso es evidentemente algo que no quieres proyectar.

Cuando estudié en un colegio militar en Estados Unidos, constantemente nos ponían a marchar y al marchar siempre nos decían que los talones deben aterrizar primero en el piso y no las puntas de los pies. Después, al investigar el porqué de esto, descubrí que tu cerebro envía un mensaje de confianza cuando estás caminando apoyándote en los talones, pues esto significa seguridad. Y esto tiene un origen evolutivo, pues miles de años atrás, cuando estábamos en situaciones de peligro nos poníamos en puntas, para poder salir corriendo en caso de que alguna amenaza estuviera cerca. Al contrario de esto, cuando se camina sobre los talones se camina más lento porque esto significa que no hay situación de peligro. Es por esto que al caminar con los talones le estás demostrando a tu audiencia que te sientes en confianza y no en situación de peligro. ¡Desplázate en el escenario demostrando confianza al caminar sobre los talones!

En algunos casos pondrán sillones o sillas en tu escenario. Aunque puede ser una buena idea usarlas, el hecho es que transmites más energía al estar de pie. Personalmente no me gusta quedarme sentado, pero si decido hacerlo –aunque por poco tiempo–, lo hago cuando quiero comunicar calma y serenidad, y para romper con la monotonía de estar de pie.

En el caso del atril, puedes apoyarte en él y con eso demuestras mucha confianza. A la gente le agrada, siempre y cuando se vea natural.

Por último, en cuanto al uso del escenario, hay una postura que utilizo que genera muy buena conexión con la audiencia pues te hace parecer como un amigo, que consiste en sentarme en el escenario. Una posición muy común cuando ves a unos amigos platicando en alguna universidad o en la cocina de una casa, una persona sentada y los demás escuchando. Lo que genera esta posición es familiaridad, pues es frecuente sentirla junto a personas de confianza, y precisamente eso es lo que busco transmitir al sentarme así: ¡CONFIANZA!

Imagen tomada durante una conferencia en un auditorio para 1200 personas, adoptando la postura mencionada

Otra buena estrategia que utilizo es ponerme de pie en el extremo de adelante del escenario, justo donde termina el suelo del expositor ¡La mitad de los pies están volando! Lo cuál hace que la gente este atenta, pues está pensando que puedo caer…

En una conferencia me puse de pie al borde del escenario. De repente, en forma intencional di un paso al frente y caí unos 70 centímetros, justo en el momento en que gritaba: "¡Aterriza!". Y luego continué diciendo: "Aterriza, pues eso es justo lo que nos falta ahora, saber aterrizar las ideas. Porque un problema muy común es permitir que las ideas se queden en eso, en simples ideas. ¡Concibe buenas ideas y transfórmalas en realidades! ¡Aterriza tus ideas!".

2.- Sin esconderse

Aunque ya mencioné un caso excepcional en el que te
puedes apoyar en un atril, considero que uno de los
peores errores que pueden cometerse al hablar en es
usar indebidamente los atriles, pues ellos bloquean el
campo visual de la audiencia y no permiten que las
personas puedan ver nuestro cuerpo en su totalidad. Un
atril puede bloquear hasta un 70% de nuestro cuerpo, y
recordemos que el lenguaje no verbal comunica aún más
que el verbal. Por otro lado, a muchas personas les gusta
utilizarlo pues el atril se convierte en una especie de
escudo psicológico que hace que se sientan protegidos.
Sin embargo, si ya superaste ese miedo, te recomiendo
no utilizar el atril y que hables sin ocultar ninguna parte
de tu cuerpo. Además, esto envía un mensaje de
confianza a la gente, pues es una forma no verbal de
decirles: "Aquí estoy, no me escondo", con lo cual tienes
más poder al hablar.

En caso de que no te sea posible moverte del atril, no te preocupes, pero procura no permanecer "amarrado" a él. Con la expresión "mantenerte amarrado al atril" me refiero a que no lo tengas tensamente con tus manos, pues ese es un error muy común que comunica inseguridad.

3.- El micrófono de mano

Si para hablar en público el micrófono de mano te da seguridad, adelante úsalo, en este libro no hay reglas absolutas e inquebrantables. No obstante, en mi experiencia los micrófonos de mano generan algunas situaciones no muy favorables, entre ellas:

- Bloquean tu expresión corporal.
- No te permite hacer uso al 100% de tu cuerpo.
- Genera una barrera entre tú y la audiencia.

El principal problema de los micrófonos de mano es que disminuyen nuestra probabilidad de comunicar efectivamente porque no nos permiten movernos a gusto. Y si en alguna parte de nuestra presentación haremos alguna dinámica en la que necesitemos de nuestras dos manos, el micrófono será un impedimento.

Muchos grandes oradores aún siguen utilizando el micrófono de mano, y este puede ayudarles psicológicamente, pues ponerlo frente a nosotros es como poner una "barrera" que nos protege.

Si te sientes cómodo con este tipo de micrófonos, adelante, úsalos. Pero si quieres transmitir más poder al hablar, mi recomendación es que uses micrófonos de diadema. Por otra parte, aunque el micrófono Lavalier es útil para grabar lo que se está diciendo, tampoco lo recomiendo mucho para hablaren público.

4.- Cambia de presentación con poder

Algo que resta mucho poder es el no utilizar la tecnología. Por ejemplo, si llevas una presentación que complementa tu exposición, evita estar tú mismo cambiando de diapositiva directamente desde la PC, pues eso te resta autoridad. En este caso mejor pide a alguien que te apoye con las transiciones. Y si quieres verte aún más profesional, pídele que después de cada cierta frase cambie de diapositiva. Por ejemplo, si el último mensaje que darás en una diapositiva es "El poder está en tu capacidad de creer", pídele a tu asistente que después de que digas esa frase, él inmediatamente cambie de presentación.

O si quieres puedes emplear una señal que indique el cambio de cualquier diapositiva, y para esto puedes pedirle a tu asistente que esté siempre atento a tus manos y que cuando hagas un movimiento específico con los dedos o con las manos esta persona cambie de diapositiva. De esta forma impactarás a la audiencia por la buena sincronía. Es esencial que para el cambio de diapositivas nunca se te ocurra decirle a tu colaborador: "la siguiente", pues eso te hará ver muy poco profesional.

En caso de que no tengas a alguien que te apoye con tu diapositiva, te recomiendo emplear un apuntador. En lo personal me gustan mucho los de la marca Logitech.

5.- La ventana del alma

Como seguramente has escuchado, los ojos son la ventana del alma. ¿Te ha ocurrido que hablas con una persona y solo porque no te mira sientes como si no te escuchara? A pesar de que una persona puede tener los ojos cerrados y aún así escuchar, en general nosotros percibimos como si no nos prestaran atención cuando estamos hablando y no nos voltean a ver. Con base en esto, debemos hacer que cada uno de los asistentes sienta como si lo estuviéramos viendo a él. Y si estás en un escenario grande u obscuro y no puedes verlos a todos, entonces puedes emplear "la técnica del infinito" que consiste es dibujar con los ojos el número infinito en tu audiencia.

De esta manera las personas se van a sentir como si las estuvieras viendo, siempre y cuando no hagas el movimiento de tal forma que parezca robotizado.

Si tu audiencia es menor, supongamos que estás dando un curso a 20 personas, en este caso no tiene sentido que apliques la técnica del infinito. Pero lo que sí puedes es mirar a cada uno a los ojos para así aumentar tu efectividad al dar el mensaje. ¿Durante cuánto tiempo debes ver a las personas? ¡El tiempo que requiere servir una taza de té! Aproximadamente tres segundos por persona. Ten presente que ver a la persona con excesiva intensidad puede ser percibido como algo agresivo puede denotar inseguridad o desinterés. Por lo tanto evita exagerar para no caer ninguno de los dos extremos.

6.- Repite la palabra

¿Sabes cuál es el color que más contraste genera contra el negro? La mayoría de las personas pensarían que es el blanco, pero la realidad es que es el amarillo. Si ahorita sacaras algún objeto de color amarillo, quizá te llame le atención o quizá no. Pero si pones ese mismo objeto amarillo delante de algunas hojas de color negro, sin duda alguna resaltará más. Lo mismo ocurre en la oratoria. ¡Podemos hacer que una palabra resalte y de esta forma el mensaje también! Por ejemplo, si deseas verte alto, hay un truco basado en la percepción, para lo cual puedes situarte junto a una persona chaparra o quizá si deseas verte delgado lo que puedes situarte un lado de alguien con sobrepeso. En cuanto a las palabras, para generar este efecto lo que puedes hacer es lo siguiente. Puedes decir: "él no es pobre, es rico". Expresarlo así no es lo mismo que decir simplemente: "él es rico", ya que en esta segunda opción no existe el contraste. Una estrategia similar consiste en repetir una o varias palabras, por ejemplo: "El perdedor piensa que puede perder y el ganador…el ganador piensa que puede ganar". En este caso logramos que las personas se enfoquen en la palabra "ganador", pues fue la palabra que se repitió. Lo mismo debes hacer cuando quieras enfatizar algún punto. Otro ejemplo sería: "Llorar es válido, pero sonreír.... ¡Sonreír es obligatorio!

Escribe aquí tres ejemplos de cómo utilizarás esta estrategia:

_____

_____

_____

Cómo tener agilidad mental

El discurso más natural que existe es el improvisado, en el que se dará a conocer más tu personalidad que en un discurso preparado.

Para poder hacer un buen discurso improvisado es necesario tener agilidad mental, la cual puede ser natural o se puede adquirir con la práctica.

La gente aplaude y agradece a quien habla con elocuencia. Algo que llama poderosamente la atención es la fluidez con que otras personas se expresan. Esto se observa incluso en el caso de ciertos raperos, que con astucia y agilidad mental logran crear rimas, de hecho un recurso muy válido para llamar la atención. No obstante, tu objetivo como orador no es solo hacer "que se escuche bonito" sino que debes captar la atención, informar y convencer, y para ello es importante la agilidad mental, pues tienes que ser capaz de crear discursos en los cuales vayas impregnado un mensaje creativo combinado con un mensaje racional. Para lograrlo es indispensable que trabajes bien con los dos hemisferios del cerebro.

Recuerda que el lado izquierdo de tu cuerpo es controlado por tu hemisferio derecho y viceversa. Es por eso que para tener una mejor agilidad mental te recomiendo que realices las siguientes actividades:

> **Aprende a tocar un instrumento**
>
> En mi caso disfruto mucho al tocar la guitarra, puesto que me hace conectar con el aquí y el ahora, ya que en esos momentos mi mente solo piensa en sentir la melodía. Por otro lado, estoy coordinando los dos hemisferios porque con la mano derecha estoy haciendo los rasgueos y con la izquierda estoy presionando las cuerdas.

> **Dibujos con ambas manos**
>
> Otra manera de estimular el uso de los dos hemisferios es dibujar con ambas manos al mismo tiempo. Con tu mano izquierda puedes empezar a dibujar un círculo y con la derecha un cuadrado. Verás que al principio parece un tanto complicado, pero a medida que lo vayas practicando te resultará cada vez más sencillo.

➤ **Lee**

¡Te felicito porque esto lo estás haciendo justo ahora! La lectura es indispensable para convertirse en un buen orador, pues nos ayuda a tener más información, conocer palabras distintas y formas diferentes de conjugar. Soy un aficionado a la lectura. Desde hace un buen tiempo me propuse leer 50 libros por año, y no sabes cuánto me ha ayudado, no solo para tener mayor agilidad mental, sino para adquirir nuevos conocimientos y nueva información que puedo transmitir en mis conferencias.

Todo gran orador es un gran lector. Lee siempre, lee cuanto puedas y mientras mayor sea la amplitud de temas, tanto mejor. Hay una sabia frase popular: "Lee poco y serás como muchos, lee mucho y serás como pocos".

Nivel 1.0

Como lo hemos visto, la creatividad es indispensable para poder transmitir mensajes efectivos y poderosos. Existen muchas formas de fortalecer nuestra capacidad creadora. Un ejercicio consiste en crear dentro de ciertos parámetros de tiempo. En este caso, empezar a contar una historia acerca de lo que desees, que dure entre dos y tres minutos. Al hacerlo, pon tu cronómetro para que vayas midiendo cuánto tiempo llevas y cuando parar, pues es importante que te detengas antes llegar a los tres minutos. Con esto desarrollas la capacidad de cerrar un discurso de manera efectiva sin que se vea forzado el final.

El tema de tu historia puede ser el que tú quieras, lo importante es que al hacer el ejercicio trabajes la creatividad y no la efectividad del discurso. Entonces enfócate en decir la mayor cantidad de palabras entendibles a la mayor velocidad posible, aunque haciendo que todas las frases tengan pleno sentido. Se trata de contar una historia rápida, como por ejemplo: "Hoy me desperté a las 4:45 de la mañana porque tenía una agenda muy apretada y, de no haber madrugado, lo más probable es que no habría alcanzado a desayunar. Luego de bañarme y vestirme comí algo rápido, organicé mis cosas y salí, plenamente confiado y seguro de que tendría un día maravilloso". La historia si bien no es la más interesante, cumple con los requisitos que son:

> ➤ Aplicar tu creatividad.
> ➤ Seguir una secuencia lógica.
> ➤ Lograr la mayor velocidad posible.
> ➤ Hacer que tus palabras sean entendibles.

Nivel 2.0

En este nivel procederemos como en el ejercicio anterior, pero ahora tendremos que hablar de un tema que no conocemos y para ello lo mejor es solicitar la ayuda de un amigo. En los cursos de oratoria a esto se le conoce como "asalto mental". Las reglas son las siguientes:

> ➤ Tu discurso debe durar mínimo un minuto y medio y máximo dos minutos y medio.

> ➤ No hay tiempo para preparar el discurso, simplemente se te da el tema o la pregunta y debes responder eficazmente dentro de ese límite de tiempo.

> ➤ Debes utilizar todos los recursos que conoces, desde V.V.V. hasta los ademanes, etc. De esta manera no solamente trabajarás en la creatividad sino también en la efectividad.

> ➤ Apégate al tema. Si tu compañero te pide que expliques por qué estás a favor del Real Madrid y resulta que tú eres hincha del Barcelona, ¡no importa! Debes apegarte al tema y hablar como si fueras un fiel fanático de dicho equipo.

> ➤ Si quieres aumentar el nivel de dificultad, pídele a la persona que te plantee un tema que agregue una palabra y haz que forme parte de tu discurso.

A continuación te sugiero algunos temas por si deseas iniciar esta práctica.

¿Qué opinas de la situación económica a nivel mundial? Palabra opcional: Resiliencia.

Convéncenos de por qué el aborto es una mala idea Palabra opcional: Nesciente.

¿Qué es más importante la actitud o la aptitud? Palabra opcional: Estoico.

Explica por qué saber hablar en público es necesario para tu vida. Palabra opcional: Inefable.

Convéncenos de por qué deberían dejar de existir las corridas de toros. Palabra opcional: Óbice.

Dinos, qué hacer para erradicar el problema de la contaminación. Palabra opcional: Utopía.

Nivel 3.0

Confío en que este ejercicio te va a gustar pues es muy divertido y es una excelente herramienta para ejercitar tu velocidad creativa. Lo que se hace en este ejercicio es lo siguiente. Voy a escribir a continuación unas palabras y tú tendrás que crear una historia utilizando las palabras que ves. Ejemplo:

-MAR

-TELÉFONO

-CHISTOSO

"Fui de vacaciones al MAR, porque vi en mi TELEFONO un anuncio muy CHISTOSO".

Los objetivos son solamente tres:

1. Contar una historia sin que pierda sentido.

2. Decir frases lo más cortas posibles. Por ejemplo, si las palabras son Oso y computadora, sería genial que quedara así: "Vi un OSO en la COMPUTADORA".

3. Hacerlo a la mayor velocidad que te sea posible siempre y cuando sea entendible tu discurso.

Aunque hemos planteado ejemplos con dos o tres palabras como base, ahora te invito a jugar con muchas más palabras:

ROUND 1

- ➢ Árbol
- ➢ Barco
- ➢ Montaña
- ➢ Internet
- ➢ Guitarra
- ➢ Mujer
- ➢ Escoba
- ➢ Pulsera
- ➢ Hoja
- ➢ Libro
- ➢ Inspirado
- ➢ Decía
- ➢ Poder
- ➢ Logro
- ➢ Cable
- ➢ Silla
- ➢ Jarrón
- ➢ Mesa
- ➢ Lobo
- ➢ Niño

¿Listo para el round 2?

- Serpiente
- Tenis
- Balón
- Batman
- Audífonos
- Dedo
- Agua
- Reloj
- Pelo
- Pluma
- Teclear
- Atención
- Uña
- Velocidad
- Sorprendentemente
- Palabras
- Deseo
- Acción
- Separador
- Chamarra

Último round, con todo

- Karate
- Bicicleta
- Militar
- Pelea
- Montaña
- Orador
- Pasión
- Energía
- Esposa
- Camioneta
- Esposo
- Madera
- Agua
- Bocinas
- Hombro
- Correr
- Rey
- Calle
- Pensar
- Éxito

Recuerda que mientras más practiques más mejoras. Y que si crees que estás entre aquellas personas que tienen problemas para hilar ideas, no te preocupes. Este tipo de ejercicios te ayudará no solo a conectar las ideas sino a tener aún más agilidad mental.

También puedes pedirle a un amigo que te escriba 20 palabras aleatorias en una hoja. Después, a partir de ellas empiezas a crear una historia. De esta forma la historia ya tendrá una guía y un contenido diferentes.

Estilos de aprendizaje

Recordemos que en cada ser humano predomina un sistema de aprendizaje, ya sea visual, auditivo y/o kinestésico.

En el sistema visual, el más común en la mayoría de las personas, el aprendizaje se realiza empleando el sentido de la vista. En el sistema auditivo las personas aprenden escuchando y en el kinestésico lo hacen a través del movimiento corporal.

Para que un discurso llegue a su nivel máximo de eficacia es bueno hacer uso de elementos que nos ayuden a conectar simultáneamente con estos tres canales. En mis conferencias, por ejemplo, siempre hago que las personas brinquen o que saluden a la persona que tienen a su lado. De esta forma comienzo a crear conexión con los kinestésicos, aunque tengo muy presentes a los visuales y me muevo por el escenario, me subo, me bajo, brinco (cosa que también complace a los kinestésicos) y para rematar empleo variaciones en mi voz para que las personas más auditivas estén atentas.

Ahora bien, es importante que durante nuestro discurso utilicemos también palabras que sean del gusto de cada canal de aprendizaje. Por ejemplo, en el discurso que di acerca de una aventura que tuve en una montaña dije:

"Salí de la cabaña y pude VER la montaña más grande de México (visual). A esa altitud yo SENTÍA un frío terrible (kinestésico) y lo único que ESCUCHABA (auditivo) era el viento que parecía decir que nos detuviéramos".

En este breve párrafo utilicé deliberadamente palabras que son imanes para cada uno de los canales. Pero además, no permitiendo que las palabras me limitaran, actué como si sintiera ese frío, hice ademanes simulando la cumbre de la montaña y manejé mis variaciones en volumen y velocidad. De esta manera capté la máxima atención. Si empleas este triple recurso, la gente que esté en tu discurso no se querrá perder ni una sola cosa de lo que dices. Y si además rematas con un poco de humor, con frases como: "era una montaña grande, milenaria, difícil… casi tan inconmovible como mi suegra", la gente agradecerá el buen humor y querrá escuchar todo lo que tengas que decir.

Por cierto, con ese discurso que titulé "Escala tu montaña" gané el concurso regional de oratoria. ¿Ves ahora la importancia de hablarle al auditorio por medio de los tres canales de comunicación?

Ver para creer

Seguramente has escuchado esta frase en diversas ocasiones, y aunque la realidad es que no necesitamos ver para creer, al cerebro si le es más fácil creer cuando ve. Por ejemplo, si deseas convencer a una audiencia sobre la contaminación que hay en el mundo, para después generar conciencia, es mucho mejor que les muestres una gráfica en donde se mencione el porcentaje de incremento de contaminación en los últimos años, en lugar de simplemente decirlo, pues al tener la gráfica bien documentada generamos mayor credibilidad. Muestra los suficientes datos como para generar credibilidad, pero no demasiados como para generar aburrimiento.

Si por ejemplo eres la prueba viva de que sé se puede luchar contra la obesidad, es mucho mejor que muestres dos fotos comparativas, una de antes y otra de después, en lugar de dejar el antes a la imaginación del público.

Si en algún momento realizaste una gran hazaña, por ejemplo subir a la cumbre del Everest, es esencial que muestres una imagen, porque de lo contrario muchas personas podrían comenzar a dudar.

Otra forma muy efectiva de generar credibilidad es mostrar objetos. Por ejemplo, cuando platico en mis conferencias sobre la aventura en el Pico de Orizaba, me gusta mostrar las imágenes que tengo de aquella travesía, y a la vez muestro algunas rocas del lugar. Al mostrarlas la gente comienza a imaginarse el terreno y el lugar, cosa que genera una mayor conexión con el auditorio.

Durante el ascenso. Al fondo mis amigos Pier y Cuervo

Recuerda además que debes mirar a la audiencia, pues el contacto visual estimula el cerebro tanto como lo hace el movimiento. De hecho, instintivamente fijamos la mirada en movimientos que pueden representar una amenaza para nosotros. Por ejemplo cuando estamos en el bosque y vemos que se mueven unos matorrales, será justo allí donde se clave nuestra mirada. Por esta razón nunca recomiendo quedarse estático (a menos que sea forzoso), además de que permanecer estático no transmite mucha seguridad.

Metáforas

Una metáfora tiene un poder impresionante (solo ve el título de este libro). De hecho, quién ha sido considerado por muchos como el mejor orador de la historia (Jesucristo), no se comunicaba solo con palabras, sino que recurría a las metáforas, pues entendía muy bien su poder. No es lo mismo decir: "Si te juntas con personas que tienen ciertos hábitos, lo más probable es que termines adquiriendo aquellos hábitos", que decir: "Quién con lobos anda a aullar se enseña". ¡Ese es el poder de las metáforas!

Sugerencia: durante tu conferencia di algún refrán para generar conexión: "Mas sabe el diablo por viejo que por….

-Y en ese momento con ambas manos apuntas a la audiencia…

… y ellos automáticamente van a responder ¡DIABLO!

Esta es una buena estrategia para despertar el interés. Además, puedes rematar con algo así como: "Después de que dijeron diablo… vi a una mujer que miraba fijamente a su marido, no sé por qué …".

Recomendación: si dirás un refrán asegúrate previamente de que la gente del lugar lo conozca, pues no son los mismos refranes los que se utilizan en México, en España o en Colombia.

Otra cosa que puedes decir es: "Yo pienso que si se puede. SI se…" (mientras señalas con ambas manos a la audiencia para que responda) ¡Puede!

Como hacer reír a la gente sin hacer el ridículo

En una ocasión una persona me preguntó: "Alejandro, ¿qué tanto debo hacer reír a mi audiencia?".

Mi respuesta fue: "Si estás en el lugar adecuado, mientras más, mejor". (Un lugar inadecuado podría ser una iglesia, cuando ocurre una tragedia o en un velorio).

El humor es esencial para despertar el interés de las personas, pues ¿a quién no le gusta reír?

El problema surge cuando se cruza la línea de lo vulgar, en donde ya no es un humor sano sino un humor forzado, que no encaja bien con la audiencia. Es por ello que debemos tener máximo cuidado al momento de recurrir al humor y no cruzar esa línea de respeto. He llegado a ver el caso de conferencistas que se burlan de alguna persona que está presente en su conferencia y créemelo, es de muy mal gusto, pues no somos comediantes, somos conferencistas y un recurso para llamar la atención es la comedia siempre y cuando sea "sana".

En lo personal me encanta hacer uso del humor ya que esto vuelve más agradable y efectiva la conferencia. Y digo esto porque después de una carcajada el cerebro se desestresa, y al estar relajado se vuelve más receptivo. Y luego, justo después de decir un chiste, comunico información de valor. De esta manera las personas aprenden más y mejor.

Si realmente tu objetivo es que la audiencia aprenda algo, el mejor momento para transmitir conocimientos valiosos, es justo después de una carcajada, cuando ya dejaron de reír.

Para que puedas hacer reír a tu audiencia, te voy a dejar un artículo muy valioso sobre el uso de la regla de tres, un recurso bastante efectivo en la comedia.

La regla del tres

La regla del tres supone una evolución de la clásica estructura de la premisa y el remate, ya que propone una estructura en la que hay una premisa y tres ejemplos. Dos de ellos van en la misma dirección y el tercero, el remate, la cambia sorpresivamente provocando la risa. Al crear la secuencia se generan más expectativas que con una simple premisa. Por eso cuando se rompen pueden provocar más sorpresa y humor. Veamos un chiste que ilustra este concepto.

Hay tres cosas que no se le pueden decir a una viuda en un funeral: "Parece tan tranquilo"… "se ha ido a un lugar mejor"… "era tan genial en la cama".

La regla de tres juega con el factor sorpresa. Se expone algo en formato de enumeración o lista de tres elementos, y después se rompe. Funcionan de la siguiente manera:

Introducción: El primer elemento presenta el tema y crea la secuencia.

Validación: El segundo elemento valida el tema y continúa la secuencia.

Ruptura: El tercero rompe la secuencia y con ello las expectativas creadas. Y lo hace por sorpresa.

¿Y por qué hay dos introducciones antes de la ruptura y no una o tres? Porque si solo contamos con una, el público no dispone de suficiente información para formarse unas expectativas positivas que puedan ser destruidas por el remate final. Y si se tienen tres introducciones, resulta redundante y pierde fuerza. La tercera introducción le restaría tensión al momento y amortiguaría la posible liberación cómica. Veamos otro ejemplo:

"Consejos para hablar inglés correctamente: no tener vergüenza al hablarlo, prestar atención a la pronunciación y haber crecido en Inglaterra".

Hay algo narrativo en la regla del tres. La sucesión 1-2-3 nos recuerda a la secuencia clásica de planteamiento-nudo-desenlace. Se plantea la secuencia en la primera frase, se desarrolla con la segunda y el remate cómico se convierte en el desenlace. La clave del recurso es que los dos primeros elementos de la secuencia tengan una lógica repetitiva y el tercero la rompa.

El mecanismo cómico juega con dos armas muy habituales del género: la repetición y lo inesperado. La repetición es un recurso que funciona mucho en comedia. Un mismo gag (efecto cómico) puede tener más gracia si tiene lugar varias veces. Por ejemplo las típicas bromas de cámara oculta que se repiten varias veces y te vuelves a reír cada vez. En la expectativa de ver cómo se repite la broma y después ver que se cumple, se produce la risa. El otro elemento, la sorpresa, se basa en que algo no sea esperado. Lo impredecible nos puede hacer reír por la ruptura con la lógica. Lo lógico es que pase algo... pero se rompe la lógica y pasa algo inesperado. Y la regla del tres es la forma más eficiente de utilizar ambas formas de expresión. De hecho, se consigue que una refuerce a la otra.

Tomado de : https://www.davidestebancubero.com/52-aplicar-la-regla-del-tres-comedia-otros-generos/

Mi recomendación es que siempre tengas algunos chistes planeados para soltarlos durante la conferencia. Ten un buen repertorio de chistes de todo tipo de temas: chistes sobre feos, sobre las suegras, sobre ciertos lugares, etc.

Escribe tu primera regla de tres:

_____

_____

_____

_____

Ríete de ti mismo

Las personas prefieren a los oradores que no se toman demasiado en serio, aquellos que son alegres. Las investigaciones demuestran además que quien es capaz de reírse de sus propios errores posee una mejor autoestima.

Recuerdo que en una conferencia yo me había manchado la camisa. Y entonces sorprendí al auditorio diciendo: "Sé que mi camisa está manchada, aunque no tan manchada como el alma de mi suegra". En ese momento la gente soltó una carcajada y generé conexión pues acepté mi error y lo hice notar. Me mostré como un humano, no como un "super humano".

Después de tu chiste, deja que lo digieran

Un error que cometen muchos oradores es el de no hacer una pausa después de un chiste, pues la pausa es la que permite que la audiencia digiera el chiste.

¿Qué hacer si tu chiste no hizo reír?

A los mejores comediantes del mundo a veces les ocurre que dicen un chiste que parecía ser muy bueno y resulta que nadie se ríe. En ese caso, como orador, tú tienes una ventaja, pues tu función no es hacer reír (aunque sí es un muy buen plus). Tu función es informar o persuadir. Entonces si por alguna razón dijiste un chiste o una anécdota y nadie se rió, continúa como si nada y prosigue como si hubiera sido una historia formal. Nunca repitas un chiste a menos que sea un running gag (lo veremos más adelante) ni trates de parecer el "chistosito".

Tip: en el humor se aconseja que el protagonista siempre se salga con la suya.

Vida diaria

Esta es mi forma favorita de generar humor junto con la improvisación. Hablar de los problemas de la vida diaria casi siempre resulta muy simpático pues genera empatía con la audiencia. Puedes contar anécdotas divertidas de cosas que te hayan sucedido. Por ejemplo: "A veces somos excesivamente distraídos. ¿Te ha ocurrido que estás buscando el celular y lo tienes en la mano? ¿O andas ansioso por toda la casa buscando las gafas, hasta que caes en cuenta de que las tenías puestas?".

Hace poco me ocurrió que estaba en mi cuarto y bajé a la cochera porque había olvidado en el auto el cargador del teléfono. Cuando entré al vehículo recibí una llamada de mi mamá que quería saber algo. Hablé con ella y atendí sus preguntas, pero luego de regresar a mi habitación, me hice la pregunta: "¿A qué bajé? ¡Claro, olvidé traer el bendito cargador!".

En una ocasión cuando era chico, le pedí dinero a mi papá y no me dio nada. Pero yo era emprendedor y visionario, así que cuando lo vi con mi abuelo, le pedí dinero, pensando en que de esta forma, por la vergüenza, a mi papá no le quedaría otra opción que darme dinero…. …y no me lo dio… …pero mi abuelo sí". Recuerda que importa mucho más cómo lo dices que lo que dices.

Con el tiempo tendrás más experiencia al improvisar y verás que cuando lo haces con espontaneidad y la gente se ríe, tu poder al hablar y tu confianza aumentan de forma exponencial.

Juegos de palabras

Jugar con las palabras puede crear una atmósfera de buen humor. Por ejemplo, una vez dediqué un pequeño discurso a mi familia durante una navidad en la que estaban presentes mi papá Alejandro, mi tío Fernando, mi tío Juan, mi tía Liz, etc. Así que empecé: "Si quieres ser mejor tienes que irte Alejandro de los vicios, pues de lo contrario te vas a estar enFernando toda la vida y esto se Lizdigo con cariño porque los quiero. De hecho Juando aprendí esto descubrí que...".

Otro juego de palabras podría ser:

"Yo vivía con ansiedad y mi vecina de 70 años con ansianedad".

"No se mendiga el amor ni la amistad, pero méndiga la exnovia que te dejó".

Tip: hay ciertas situaciones inesperadas que nos sorprenden y nos hacen reír, por ejemplo cuando vemos un video de alguien que se resbala y cae, siempre y cuando su caída no haya tenido consecuencias graves.

La sorpresa y la risa

Nunca digas que contarás un chiste, pues eso arruina el elemento sorpresa, el cual es esencial para hacer reír a otros. Veamos un ejemplo de elemento sorpresa: "Yo iba de viaje a Cancún a dar una conferencia y estaba muy emocionado porque allí estaría mi DJ favorito. Pero en el avión, a mi lado se instaló una señora gordita, mal encarada y que olía muy feo. Y, como si fuera poco, pronto se durmió y como roncaba muy fuerte durante todo el viaje no pude relajarme ni dormir. Después del aterrizaje del avión al fin pude descansar de la señora. Estuve comiendo en un restaurante y después fui a caminar un rato por la playa. Durante todo el camino vi a diferentes personas con las playeras de mi DJ favorito, y cuando me registré en el hotel (el cuál era bastante bueno) vi que allí había mucha gente por alguna razón. Entré al lobby y vi muchos carteles del DJ. ¡"Wow, pensé, tal vez el DJ está alojado en este hotel, y de hecho quizá en mi propio piso".

Entonces subí emocionado a mi cuarto y me llevé una gran sorpresa. Mi emoción subió al máximo, pues no vas a creer quién era mi vecino de cuarto: ¡La señora que roncaba fuerte! (puse cara de queja y enojo).

Recuerda, la sorpresa causa risa y además este tipo de humor lo puedes usar en tu conferencia como running gag o chiste recurrente, por ejemplo con variantes como:

"Era molesto… ¡Como la señora que respiraba duro!". O, momentos después dices: "En eso, vi a satanás, muy parecido a la señora que respiraba duro".

"Llegué a mi casa y, pocos días después, mi esposa me presentó a su nueva mejor amiga… la señora que respiraba duro".

Después, en alguna parte de tu ponencia puedes volver a mencionar a la señora, por ejemplo diciendo: "Nada peor que rodearte de envidiosos, de mediocres y de señoras como la que respiraba duro".

En este caso combiné un running gag con una regla de tres. ¡Juega con tu imaginación! ¡Combina estilos de humor! ¡Genera nuevos contenidos!

Tip: tensión y distensión. En muchos casos, cuando la gente se tensiona y luego se distensiona, se abren espacios muy propicios para la risa. ¡Aprovecha al máximo ese tipo de pausas!

Exageración y comparación

Cuando exageramos humorísticamente hacemos que la audiencia se relaje, vuele con su imaginación y se ría un poco, lo que genera conexión con ella. Algunos ejemplos de exageraciones serían:

"Había un tipo que era tan, pero tan feo, que cuando participó en la competencia de feos le exigieron prueba de control antidoping. Y es que en verdad era un hombre tan, pero tan feo, que cuando fue a otro concurso de feos le dijeron: "Lo sentimos, no aceptamos profesionales".

"Era un hombre con la cabeza tan, pero tan pequeña, que no le cabía la menor duda".

"Era una adivina tan, pero tan buena, que además del futuro, adivinaba el presente condicional y el pluscuamperfecto en modo subjuntivo".

"Aquel hombre era tan chaparrito, que de hecho la cabeza le olía a patas".

Un tipo de comparación sería:

"Era una mujer tan fácil que le decían la carreta, (pausa y tensión…) porque con cualquier buey jalaba".

Tip: Muchos chistes son más graciosos cuando se utiliza un lenguaje informal. Recuerda que informal nunca debe ser sinónimo de vulgar.

Los veinte errores más comunes al hablar en público y cómo evitarlos

Error 1: No hablar "el mismo idioma".

Por ejemplo, no puedes utilizar un vocabulario muy técnico cuando estés hablando con niños, pues tienes que utilizar un vocabulario más agradable. Sin embargo, si estás en presencia de adolescentes, un recurso que genera conexión con ellos es el uso de palabras altisonantes, pues les gustan. Pero si te encuentras frente a personas serias, por ejemplo empresarios, definitivamente el uso de las palabras altisonantes no es la mejor idea (aunque no por eso signifique que no debas usarlas en lo absoluto). En general, para adaptarte a tu auditorio debes convertirte en una especie de camaleón.

Por ejemplo, en una conferencia de ventas inicié de la siguiente manera: "uma das coisas mais importantes é que as pessoas estão conscientes de que precisamos understand that if we want to sell something we have to speak in the same language, porque si nosotros no hablamos el mismo idioma nadie nos va entender. Por ejemplo, si vas a vender un producto de gama alta, un nombre italiano que resalte los atributos europeos como Salvatore Ferragamo funciona muy bien, pero si venderás ropa más económica a un mercado distinto, un nombre como Cuidado con el perro funcionará. El punto aquí es comunicarnos en el mismo idioma que las personas. "Buenas noches, me presento, mi nombre es Alejandro...".

De esta manera aquel día logré captar la atención al 100% y tuve una buena entrada de impacto, lo cual me ayudó a iniciar de manera positiva esa jornada. ¿La clave? Me comuniqué en un idioma que a ellos les gusta, y ese es el idioma de las ventas. Al igual que como lo mencionaba, la marca Cuidado con el perro podrá tener un tipo de anuncios y Salvatore Ferragamo tendrá otros anuncios. Obviamente unos serán más elegantes que otros, pero aquí no estamos hablando de elegancia sino de efectividad. Tu tarea aquí, para evitar errores, es identificar a quién le vas a hablar y planear el lenguaje con el que te vas a comunicar.

Error 2: No tener una lista de tus equipos e implementos y olvidar algunos

Hay cosas que no puedes olvidar. Cada conferencista tiene su propio "kit". Aquí te comparto el mío:

- Micrófono de diadema y de Lavalier (para grabarme)
- Señalador
- Termo sport de agua (se pierde tiempo destapando botellas)
- Cámara y micrófono para la cámara
- Laptop
- Rotafolio
- Presentación de diapositivas, ya sea en Power Point o en programas versátiles como Prezi (tenla en USB y en tu correo electrónico)

- Herramientas personales y para el público (si harás dinámicas quizá utilices cajas, pelotas, hojas, cartulinas, lápices u otros implementos)
- Pastillas halls
- USB con canciones
- Desodorante antitranspirante
- Libros para vender
- Premios (a veces regalo estrellitas y se las pego en la frente a los participantes, es muy divertido)
- Tarjetas de contacto

Tip: Si usas cadenas procura no utilizarlas ese día pues si la cadena choca con tu micrófono, la grabación perderá claridad.

Error 3: No utilizar el lenguaje adecuado

"No le hables en chino a un mexicano". Mi sugerencia es que evites utilizar un lenguaje muy complejo que pocas personas entiendan. Veamos un ejemplo de dos frases que tienen un significado similar:

"(1) Tienes que mostrar autodominio, no darte por vencido en tiempo difíciles y sobre todo poner pasión en lo que haces". "(2) Sé estoico, resiliente y actúa con vehemencia". Aunque ambas oraciones significan casi lo mismo, no tienen el mismo poder, pues seimpre la comprensión será más importante que la decoración. Es por esto que la frase (1) llega fácilmente al público, pero no la (2).

Error 4: Hacer sentir presionada a la audiencia

Algo poco profesional frente a tu auditorio es que preguntes: "¿Cuánto tiempo nos falta?". O que voltees a ver el reloj, pues eso te hace parecer como alguien que ya se quiere ir, que no preparó bien su tema o que no sabe qué más decir.

Para evitar esto pide a alguien que te haga señas desde atrás del auditorio cuando ya sea tiempo de terminar. No obstante, en algunas ocasiones estarás solo y deberás revisar el reloj. El problema es que si lo haces darás la impresión de que te quieres ir.

¿Qué hacer en este caso? Lo que yo hago es decirle a los participantes: "Señores, la vida está hecha de una cosa y esa cosa es el tiempo.

¿Cuántas veces no lo hemos desperdiciado?

Yo uso reloj no porque lo necesite, pues ya en el teléfono lo tenemos todo, sino porque me gusta **verlo** y recordar que: ¡El tiempo está pasando!

¿Cómo carajos lo voy a aprovechar al máximo?".

Y justo cuando dices **verlo**, volteas a ver el reloj y te percatas de cuánto tiempo te falta. De esta forma parecerá que ver el reloj es parte de tu discurso y no que estas revisando cuanto tiempo falta

Otra manera revisar el reloj, sin que tu audiencia se percate de ello es la siguiente:

"Señores, el líder debe siempre tener visión, apuntar hacia lo más alto". En ese momento señalas hacia alguna parte y diriges tu cabeza hacia la dirección en la que está viendo tu dedo, pero tus ojos irán directo al reloj y la gente pensará que estabas viendo hacia donde apuntaba tu dedo.

Otra estrategia es sacar tu teléfono y decir:

"Es muy curioso, pero este aparatito nos acerca a las personas que están lejos, aunque a veces nos aleja de las personas que tenemos cerca. ¿Cuántos momentos maravillosos no has perdido por estar conectado a él y no a tus seres queridos?". Y en ese momento puedes ver la hora.

Hay muchas maneras de revisar tu reloj. Aquí lo importante no es cómo lo hagas, sino que no descubran que estás revisando la hora.

Error 5: Comerse letras y no articular

Un error muy común que suele presentarse al hablar rápido es no pronunciar bien las palabras, con lo cual impedimos que la audiencia nos entienda bien. Siempre debes articular bien las palabras para que su sonido sea el adecuado. Una técnica que utilicé para evitar este error consistió en hacer énfasis en la primera letra de cada palabra. De esta forma me veía obligado a pronunciar correctamente y se notaba la diferencia entre palabra y palabra, ya que en cada inicio la acentuaba. Por ejemplo, si dices muy rápido: "¿Qué es eso?", sonará como: "¿Queseso?". En cambio sí articulas bien y haces énfasis en la primera letra de cada palabra, evitarás este problema: "¿Qué Es Eso?".

Error 6: Olvidar que eres un espejo

Ahora veremos el tema del espejo por dos razones. La primera es porque cuando tú hablas es como si te estuvieras estás viendo frente a un espejo. Por ejemplo, si señalas a tu derecha, ¿a que lado señalas según la audiencia? ¡A la izquierda! Por lo tanto, si llegaras a plantear algún ejercicio y le pidieras al público que se volteara hacia la izquierda, tu deberías señalar tu derecha. Además, algo que aprendí al realizar anuncios publicitarios en mercadotecnia es que en la mayoría de las ocasiones la izquierda es utilizada cuando queremos hacer referencia a temas conservadores o del pasado. Por cierto, hice mi licenciatura en mercadotecnia, una maestría en mercadotecnia y medios digitales y otra maestría en neuromarketing. Por ejemplo, si dices la palabra "ayer" y la acompañas de un ademán, deberás utilizar el brazo derecho para que de esta forma la audiencia perciba el ayer como si estuviese a la izquierda.

Y ya que somos un espejo, el lado derecho se utiliza para representar el futuro, la innovación, la creatividad, etc.

Por lo general es más asociado el lado derecho a algo positivo que a algo negativo. Por ejemplo, si ves un "antes y después" de algún anuncio publicitario de nutriólogos, verás que siempre en el lado izquierdo utilizan el antes (persona con obesidad) y en el derecho el después (la misma persona sin obesidad o con mejorías).

Tú como orador deberás hacer lo mismo, utilizar cada lado para transmitir un propósito, sin olvidar que "eres espejo".

Por otro lado, algo fascinante que aprendí al estudiar neuromarketing, fue acerca de las neuronas espejo. Células que prácticamente lo que hacen es reflejar. Por ejemplo, si ves y escuchas a una persona hablar se activan tus neuronas espejo que están al mando del control de la lengua y los labios en el proceso del habla. ¡Increíble!

Por lo tanto, es buena idea que nos estemos moviendo y no solo estemos estáticos en un lugar. Esto para lograr una mejor activación de las neuronas espejo, ya que estas favorecen la empatía y eso es algo que quieres lograr mientras expones.

Error 7: No saber explicar

Einstein decía: "Si no se lo puedes explicar a un niño de seis años, entonces tú tampoco lo entiendes". Por esto debes estar en capacidad de explicar las cosas de manera sencilla y sin exagerar. Ten presente que cuando explicas con demasiada profundidad o cuando resaltas lo obvio puedes hacer que las personas se sientan incómodas. Por ejemplo si dices: "Él vive en Nueva York, que está en Estados Unidos", al decir "Que está en Estados Unidos" es como si le dijeras a la audiencia: "ustedes no saben donde está Nueva York, por eso aclaro que está en Estados Unidos". Evita hacer sentir estúpida a tu audiencia y mantente en la línea donde la explicación no es ni muy pobre ni demasiado detallada, simplemente es la necesaria para que la gente lo entienda de forma sencilla.

Tip: di pocas palabras, aunque las suficientes como para que las ideas parezcan como si se le hubieran ocurrido al oyente y así harás que cada participante en tu conferencia piense que él solo llegó a una deducción.

Error 8: No seleccionar el lugar

Un delicado error consiste en no saber seleccionar el lugar de tu conferencia o discurso. De ser posible debes conseguir un lugar en el que no existan interrupciones. Recuerdo un día que me invitaron a dar una conferencia en medio de una plaza y aunque el público salió muy contento, batallé mucho para captar su atención, pues había muchas cosas que los distraían: vehículos, personas caminando, ruidos, etc.

De ser posible elige un lugar fresco. En lo personal, si es posible me gusta que llegue a lo sumo a los 18 grados ya que me muevo mucho y a veces comienzo a sudar. Además, hay una teoría que dice que el cerebro piensa mejor con el frío que con el calor. Ponte a pensar en los países en donde cae nieve, países fríos como por ejemplo:

- Estados Unidos

- Alemania

- Noruega

Ahora pensemos en países más calurosos

- Vietnam

- Honduras

- Botsuana

¿Notas la diferencia?

También debes ser cauteloso al verificar que el lugar en el que darás tu discurso no tenga eco, pues eso puede afectar toda tu conferencia. Y por último de ser posible evita hablar en desayunos, pues los cubiertos chocando con los platos generan muchas distracciones.

Error 9: Ser una copia

De los errores que puedes cometer este es quizá el peor, pues copiar a alguien más o su estilo simplemente te resta valor. Recuerda que lo más fresco y más único, lo más natural es lo que más se disfruta, así que sé tú mismo, sé auténtico.

No conozco a un buen orador que le haya copiado su estilo a otro, pero si conozco muchos buenos oradores que tienen un estilo único y propio. Estoy de acuerdo en que veas las fortalezas de los demás y las trates de replicar, pero en lo que no estoy de acuerdo es en que te intentes convertir en la versión 2.0 de alguien que ya existe. Sé tú mismo, pues ahí está tu verdadero valor, ahí está tu esencia y eso es lo que te hace especial.

Error 10: No cuidar nuestra voz

Al igual que en los deportes, debemos calentar antes de empezar a hablar. Un error muy común es el querer iniciar sin tener al cuerpo preparado, pues corremos riesgo de lastimarnos.

Una forma muy efectiva de calentar es iniciar platicando con alguien al volumen que generalmente utilizamos y enfocarnos en hablar mientras respiramos expandiendo el abdomen (y no solo inflando el pecho). Esto para poder tener la mayor cantidad de oxígeno en nuestro cuerpo y no quedarnos sin aliento.

Otro consejo que te puedo dar es el de gesticular. Comienza a simular (de forma exagerada) con la boca las letras del abecedario y de esta manera comienzas a prepararte para la acción.

Por otro lado, si en tu conferencia o taller ya es tarde y sientes cansada tu garganta, justo cuando empieces a sentir molestia pon una dinámica para que puedas descansar un poco tu voz. En ese momento puedes tomar agua, algunas pastillas y enfocarte en tu respiración para hablar correctamente y no con "la garganta".

También es importante, si piensas dedicarte a esto, que busques a un foniatra para que te ayude a hablar sin lastimar tu garganta. Este es el mejor consejo que te puedo dar si quieres cuidar tu voz. ¡Ve con el experto!

Recuerda que la resequedad nos lastima. Por lo tanto, no olvides estar tomando agua. Algunos expertos recomiendan tomar hasta 10 tragos de agua por hora, aunque evita tomar agua fría cuando hace mucho calor, pues eso lastima.

Ahora bien, si por beber tanta agua necesitas ir al baño durante la conferencia, no te preocupes, lo que puedes hacer es lo siguiente.

Si tu conferencia es de ventas dile al auditorio: "Crea un discurso de ventas de un minuto y compártelo con quién tienes a tu lado". Si tu conferencia es de salud, dile al auditorio:

"Anota los tres puntos más importantes que has aprendido en esta conferencia y compárteselos a tu compañero de al lado". Si tu conferencia es motivacional dile al auditorio: "Anota tres situaciones difíciles que te hayan ocurrido y escribe las enseñanzas que te dejó cada situación". El objetivo aquí es que vayas al baño mientras ellos hacen el ejercicio, pues nunca, nunca, nunca, debes dejar a las personas esperando, ya que cada segundo debe ser de provecho.

En un momento de mi carrera, recuerdo haber tenido un problema con un dolor de garganta durante al menos medio año. Me preocupaba demasiado pues al hablar me dolía la garganta y además no podía cantar (algo que disfruto muchísimo), así que fui con una infinidad de doctores, pues estaba muy preocupado y no sabía que era. Por fortuna cierto día conocí y empecé a aplicar la dieta cetogénica (en la que retiras prácticamente todos los carbohidratos) y desapareció mi afección de la garganta. Sin embargo, cuando dejé la dieta y volví a comer todo tipo de carbohidratos, regresó el dolor. Entonces se lo platiqué a un médico y este me dijo que tenía reflujo a causa de las harinas y que eso me quemaba la garganta. Me recomendó tomar omeprazol día y noche durante tres meses y no comer harinas en las noches. Desde el segundo día tomando omeprazol, dejé de sentir el dolor en la garganta.

Error 11: Cerrar mal

Un mal cierre puede echarlo todo a perder, pues el cierre es lo último que dices y es lo que más recuerda la gente. Algo que definitivamente no debes hacer al final es utilizar expresiones como: "Y ya" o "Eso es todo". Al hacer esto tu discurso pierde toda formalidad y te parecerás a un mal universitario exponiendo un proyecto que no preparó y que ni siquiera sabía en qué momento cerrar. Otra forma errónea de cerrar tu presentación es cuando dejas para el final una parte no tan buena o menos interesante, pues recuerda que en tu cierre debes llevar a tu auditorio a un punto lo más elevado posible. Para que tu remate tenga contundencia debe tener sólidos argumentos y a la vez debe ser emocionante. Y para lograr todo esto debes haber reservado lo mejor de tu discurso para la fase final del mismo. Cuando vayas a un concierto presta atención y verás que siempre las mejores canciones las dejan para el final, para que la gente salga realmente satisfecha.

Error 12: No aprovechar la situación

En un concurso en el que participé, recuerdo bien que un compañero estaba dando un discurso motivacional y al momento de decir la palabra miedo, las luces se apagaron y a todos nos sorprendió. Fue algo que nos gustó bastante y curiosamente ¡no había sido planeado! Un poco después comenzaron a sonar las alarmas y las sirenas de aquel lugar y mi amigo, al ponerse nervioso, detuvo su discurso, pero su coach – consciente de que no estaba ocurriendo nada grave– le dijo que continuara y así lo hizo.

En situaciones de catástrofe es importante mantener la calma y aprovecharnos de la situación. Lo denomino "el efecto boomerang". Alguna vez estuve pensando en qué habría hecho yo si me hubiera ocurrido algo similar a lo que vivió mi amigo (por descuido de alguien y no por algún accidente) y lo que concluí fue que diría algo como: "Están sonando las alarmas y no es casualidad, pues la alarma significa muévete y precisamente esa es la raíz del problema que tenemos hoy en día: no nos estamos moviendo. Y si los sueños mueren se debe principalmente a la falta de acción. ¡Benditas sean las alarmas que suenan y nos recuerdan la importancia de movernos!".

Saca partido de cada situación y aprovecha tus propios recursos. Recuerdo a un conferencista ciego que llegó a dar una conferencia y pidió que apagaran la luz. El público le reclamó y el respondió: "A mí me vale si está apagada o prendida, igual no veo". Todos rieron y después él hizo que iluminaran nuevamente el lugar. Tu debilidad puede ser fortaleza, aprovecha tus recursos. ¿Qué será más motivador? ¿Que una persona normal se convierta en millonaria o que un ciego se convierta en millonario? Definitivamente la opción dos, pues mientras mayor es el reto, mayor será la gloria.

Error 13: No grabar tus presentaciones

Bien dicen que lo que no se puede medir no se puede mejorar y la mejor forma de medirnos a nosotros mismos es observándonos. Sin embargo, esto solo lo podemos hacer cuando nos grabamos en una presentación (pues no es lo mismo que en el espejo, donde no hay audiencia). Por eso es importante que grabes siempre tus conferencias, pues de esta manera puedes ver qué cosas hiciste bien y qué cosas hiciste mal. Además, si piensas iniciar en este negocio de dar conferencias es muy buena idea que te grabes y subas fragmentos de tus conferencias a las redes sociales para autopromocionarte.

Es muy sencillo grabarte. Solo necesitas una cámara (que puede ser de tu teléfono) y un micrófono de Lavalier que lo puedes conectar a otro celular o a una grabadora estilo periodista. Si quieres que tu audio se escuche bien es indispensable que lo grabes con un micrófono de Lavalier y no con el micrófono de la cámara, pues en el micrófono de la cámara siempre se escucha eco. Y si subes un video a redes sociales con un mal audio, el video puede perder el 80% de su efectividad, así que asegúrate de que el micrófono sea bueno. Además, si no deseas subir algún video puedes subir tu audio como podcast y de esta manera puedes escucharte y así ver qué tanto estás subiendo o bajando el volumen, que tal van tus pausas, tu velocidad y tus diferentes voces (tonos). Recuerda V V V: Velocidad, volumen y voz.

Por otro lado, grabar tus presentaciones sirve para mejorar y qué mejor manera que haciendo uso del método 3D (debería – durar – dejar). Qué cosas DEBERÍAS hacer que no hiciste, qué cosas hiciste mal que debes DEJAR de hacer y qué cosas hiciste bien que deben DURAR y permanecer en tus conferencias. Este método lo explico en mi libro de empoderamiento: ¡Te comerán los leones!

Recomendación: Siempre, siempre, siempre ponte un objetivo antes de una conferencia y pregúntate: ¿Cómo puedo mejorar? Mejora en algo, una dinámica, un chiste, un concepto, etc.

Error 14: Discutir

Nunca discutas, pelees o llegues enojado a dar una conferencia: nunca, nunca, nunca, nunca.

Escucha tu voz cuando estás feliz y cuando estás triste, compáralas y verás que esta cambia. Así que no entres nunca con emociones negativas. Por eso es importante evitar las discusiones, en especial antes de entrar al escenario.

Error 15: No saber agrupar al público

Si estás dando una conferencia y las personas se sientan muy separadas, y por ende hay muchos huecos entre las sillas y entre las filas, ellas se cohíben y por lo tanto van a reírse menos, participarán menos y tu mensaje no será tan persuasivo. Lo ideal es que solicites a las personas del staff que vayan moviendo a la gente hacia adelante, pero si no tienes quién te asista, lo que puedes hacer es poner una dinámica, ya que si pides que pasen al frente estarán cohibidos y muchos no se moverán de su lugar, pues les incomoda sentirse observados.

Entonces lo que puedes hacer es lo siguiente:

- Pide a todos que se pongan de pie.

- Diles que harán un ejercicio y para ello necesitas que pasen todos al frente.

- Puedes poner la dinámica del masaje (más adelante verás cómo funciona)

- Justifica la dinámica.

- Ahora pide que se sienten adelante.

En una ocasión la justifiqué diciendo: "Esto es para que nos demos cuenta de cuán a menudo nos quejamos. Ahorita vi a una señora a la que le estaban haciendo masaje y simplemente decía: Ay no, esas manos estaban bien toscas".

(Si lo dices con un tono simpático la gente va a reír. Por cierto, esa señora nunca existió).

Y continúas: "Nos vivimos quejando, incluso cuando alguien nos hace un favor. Ahora por favor siéntense y quédense aquí adelante porque (justificación) habrá más dinámicas en las que necesito que estén juntos".

Error 16: No aceptar tus errores

La gente ama la honestidad y por ello nunca debes mostrarte como "el hombre perfecto", aunque sí sentirte como un modelo a seguir. Por ejemplo, si cometes un error, admítelo, pues nada peor que intentar ocultarlo, ya que cuando la gente te descubre pierdes credibilidad. O también tenemos el famoso caso del conferencista que "todo lo sabe". Por ejemplo, si te preguntan algo que no sabes, lo mejor que puedes hacer es decir algo como esto: "No sé, lo voy a investigar y si me lo permites, déjame tu correo y te envío la respuesta". Al hacer esto te muestras como todo un profesional y la gente ama eso.

Error 17: Dejar que la gente tome control de tu presentación

Aunque muchas personas necesitan ser escuchadas y desean participar, hay algunas que se exceden y al hablar quieren "adueñarse" de la conferencia. Esto no lo puedes permitir. Por ejemplo, un caso muy muy muy

MUY MUY común es que las personas pregunten

cosas y te cuenten una historia de 10 minutos, para después hacerte una pregunta de 20 segundos. Y muchas veces la historia no era necesaria, simplemente era contada pues algunas personas necesitan ser escuchadas.

En el momento en que percibas que tienes a una persona que quiere ser escuchada debes interrumpirla, pues tu auditorio se va a molestar con la persona, ya que no vinieron a escucharla a ella y el público también se molestará contigo si no haces algo al respecto. Por otro lado perderás tu "poder" como orador, pues eso indica que no eres capaz de controlar de forma adecuada a tu grupo.

Lo que debes hacer en estos casos, cuando alguien empieza a platicar mucho antes de preguntar, es interrumpir con delicadeza a esa persona y decirle: "Muy bien, es interesante lo que dices. ¿Pero por favor dime cuál es la pregunta? Necesito la pregunta concreta". Y aquí aprovechas para decirle al público: "Señores, pueden preguntarme cosas y con gusto respondo, pero por favor hagan preguntas concretas para hacer ágil y efectiva esta conferencia". La gente lo agradecerá, pues así no les haces perder el tiempo escuchando cosas que no son de su interés.

Error 18: Leer tu presentación

Luces muy mal si te la pasas leyendo durante tu presentación, pues parecerás como alguien que no se preparó correctamente ¿Es válido leer? En ciertos casos, sí. Sin embargo, solo recomiendo leer cuando se va a citar algo que no puede tener variaciones. De lo contrario recomiendo no leer en lo absoluto, pues la gente acude a las presentaciones a escuchar a un orador, no a un narrador. Por esto, mientras menos debas leer durante tu conferencia, tanto mejor. Mi sugerencia es utilizar más imágenes y menos texto en tus presentaciones. Las imágenes deben servirte para tres cosas.

- Facilitar la comprensión de tu audiencia.
- Ayudarte a saber qué sigue o a identificar una idea. (Por ejemplo, uso una diapositiva en la que aparece un paracaídas y con eso sé que debo hablar del miedo pues el paracaídas representa eso, el miedo).
- Generar confianza con lo que se dice y muestra.

Recuerda que la presentación es un recurso visual, no debe ser convertida en un abuso visual.

Error 19: No calcular bien el tiempo para exponer

Administra bien el tiempo en toda conferencia y no permitas que el tiempo te controle a ti. En general, el orador que no alcanza a exponer los temas que había prometido muestra poco profesionalismo. No obstante, si esto te ocurre, te hago la siguiente sugerencia: supongamos que vas a exponer siete puntos y cuando estás en el punto cinco te dicen que prácticamente se te acabó el tiempo. Algo que puedes decir es: "Señores los puntos seis y siete van entrelazados porque son como primos: el seis es comer sano y el siete es hidratarse. Lo crucial aquí es entender que necesitamos combustible, pero un combustible bueno, que sea sano".

Y ahora simplemente te enfocas en explicar no un punto o el otro, sino los beneficios que se tienen en común.

Por ejemplo, "algunos de los muchos beneficios comunes entre ingerir alimentos y beber agua son: mantener el nivel de energía, ayudar a nuestro cuerpo a que se recupere y evitar dolores de cabeza".

Error 20: Muchos temas o saltos bruscos

Mientras más temas abordes más confusión puedes generar. Por esto te sugiero que no abordes demasiados temas y ten en cuenta que mientras más específico sea tu mensaje, mejor será. Por otra parte, si tu mensaje tiene varias partes, te recomiendo que lo dividas en puntos y cada vez que termines una idea digas: "ahora pasaremos al punto x". De esta forma no se siente tan brusco. En cambio, si de repente cambias de un punto a otro sin avisar, la gente puede desconcertarse un poco. Lo ideal es que los puntos vayan ligados. Por ejemplo, si estás hablando del turismo en México y después tienes que hablar de los autos que contaminan, puedes decir: "Afortunadamente el turismo en México está creciendo. Cada vez son más personas las que visitan este país. Muchos llegan en avión, otros llegan en automóviles y, por cierto, hablando de automóviles…".

De esta forma estas ligando ambos temas, cambiando de uno a otro sin que se perciba como muy abrupto el cambio.

10 tips para hablar en público efectivamente

Tip 1: Habla de algo local

Cuando hablamos sobre algo local generamos una mejor conexión con la audiencia. Por ejemplo, si estás en León, ciudad en el estado de Guanajuato –lo aclaro para los lectores de otros países– es buena idea hablar bien quienes viven ahí, de sus gustos, lugares y costumbres. Entonces podrías decir: "Ayer estaba disfrutando una exquisita acamaya (comida típica del lugar) ¡Y por cierto, la gente de León qué bien hace las cosas! Y me puse a pensar en su equipo de futbol, que ya ganaron dos campeonatos seguidos y lo han hecho porque esta ciudad está llena de campeones...". De esta manera generas conexión.

Si vas a otro país, por ejemplo a España, puedes hablar de lugares como el Templo de la Sagrada Familia y decir algo como "Las grandes obras solo pueden ser creadas por grandes hombres. Hoy estuve visitando la Catedral de la Sagrada Familia y quedé impresionado por su grandeza y por la originalidad de su arquitecto, Gaudí. Ojala que la próxima gran obra (aquí sugiero una pausa)... la construya alguien que esté en esta conferencia". De esta forma logras mencionar algo con lo que la audiencia se relaciona y así aumentas tu conexión. Pero la única forma de crear conexión no es a través de un lugar u objeto, también puede ser un acontecimiento. Por ejemplo: "Ayer vi a su equipo ganar (y lo mencionas) y esto reafirmó mi convicción de que para triunfar en cualquier campo de actividad se requiere precisamente eso: trabajar con verdadero espíritu de equipo. Y es por eso que hoy...".

Tip 2: Habla en presente

Hablar en presente vuelve más efectiva la conferencia, la hace más viva y ayuda a generar una mejor conexión. Por ejemplo, si estás contando una historia cuéntala en presente y no en pasado:

Por esto, en lugar de decir: "Intentaba llegar a la cima, pero no podía porque había una tormenta", dilo así: "En ese momento estoy intentando llegar a la cima, aunque no sé si lo lograré porque hay una tormenta". En la segunda frase es como si la estuviese platicando justo en el momento en que está ocurriendo dicha acción, lo que aumenta su efectividad.

Tip 3: Emplea diversas herramientas

Imagina que tu celular tuviera solamente una aplicación. De poco o nada te serviría. Sin embargo, mientras más aplicaciones tenga más útil te será. Exactamente lo mismo ocurre con la oratoria: mientras más técnicas tengas más efectivo serás como orador. Algunas herramientas que te recomiendo explorar tanto como puedas son:

- ➤ Actuación / Transmitir sentimiento y veracidad
- ➤ Locución / Uso de voz
- ➤ Doblaje / Representación de personajes
- ➤ Canto / Innovación y uso de la voz
- ➤ Stand up comedy / Manejo del humor

Tip 4: Tú vs ustedes

Imagina a una persona que cuando se casa le dice a su esposa: "Mi amor, que tenga un buen día, recuerde que yo a usted la amo". Ahora imagina que le dices lo mismo en otras palabras: "Mi amor, que tengas un buen día, recuerda que te amo".

Imagina ahora a un par de amigos:

"José, muy buena tarde tenga usted. ¿Podría pasarme una cerveza?".

En comparación con

"José, muy buenas tardes. ¿Podrías pasarme una cerveza?".

¿Cuál se ve más natural? ¿Cuál genera más conexión? ¿Cuál te gusta más?

Cuando te diriges a la audiencia "de tú a tú" generas mayor conexión. La neurociencia nos ha demostrado además que cuando al hablar empleas el tú llamas más la atención del cerebro que cuando empleas el ustedes. Esto no significa que ya nunca puedas usar el ustedes. Simplemente procura utilizar la mayor parte del tiempo un vocabulario uno a uno (personal) y no un vocabulario grupal.

Tip 5: Emplea palabras magnéticas

Existen palabras que generan una mayor conectividad con otras personas. Y casi siempre los recursos verbales que mejor conexión generan con el público son análogos a los que utiliza la compañía cafetera Starbucks. Ellos no venden un café alto, venden el café de Lorena; no venden el café grande, sino que venden el café de Gabriel; no venden un café Venti, pero si venden el café de Arturo. Porque ellos entienden que el cerebro se ve atraído por el nombre de cada uno. Por lo tanto, en la gran mayoría de los casos, la palabra favorita de muchas personas ¡es su propio nombre!

Así que si estás dando un taller, asegúrate de que cada participante tenga su nombre escrito en un lugar visible: un gafete o escarapela, un rótulo en su mesa, una tira de papel pegada a su ropa, etc. Lo importante es que puedas leer su nombre para mencionarlo en algún punto. Por ejemplo, si dices: "Levante la mano quién piense que el éxito es subjetivo". (Miguel levanta la mano)

"¡Perfecto! Miguel. Tienes toda la razón. Considerar que el éxito es subjetivo es correcto porque…".

De esta forma logré dos resultados: (a) hice sentir inteligente a Miguel al decirle que tiene razón, (b) al mencionar su nombre él se conectó inmediatamente con mis palabras.

Si bien la palabra magnética más fuerte será por lo general el nombre de cada persona, no siempre podrás utilizar su nombre como recurso, ni siempre podrás emplear la palabra tú. Esto porque habrá ocasiones en las que no podrás leer los nombres de las personas, debido a lo cual tendrás que utilizar otras palabras que capten su atención, como por ejemplo los verbos de acción:

"Lograr"

"Crecer"

"Construir"

"Hablar"

"Correr"

Otras palabras magnéticas son:

"Importante"

"Superar"

"Ganar"

Procura no sólo decir las palabras magnéticas (hay muchas más), sino hacer las combinaciones adecuadas, pues al mezclar la palabra tú + un verbo de acción o una palabra magnética + el beneficio, obtienes algo muy poderoso. Por ejemplo:

"Si tomas hoy la decisión de mejorar cada día en un 1%, y persistes en ello, en cien días serás otra persona, alguien más sabio, más poderoso, más evolucionado".

Estas oraciones generan una muy buena conexión. Y al cerrar la frase utilicé tres palabras magnéticas: sabiduría, poder y evolución (ya que no forzosamente deben ser siempre verbos).

Recuerda: No olvides mezclar todo lo que estamos viendo con el concepto V.V.V. para darle mucho más poder al mensaje.

Tip 6: Haz que tus movimientos generen sentimientos

Cuando nos movemos generamos un sentimiento. Por ejemplo, al bailar estamos alegres y nos estamos moviendo, pero al sonarnos la nariz estamos en un estado diferente. La verdad es que no he visto en mi vida a una persona sumamente feliz al momento de sonarse la nariz. Esto se debe a que, como ya lo vimos, los movimientos que hacemos nos recuerdan algo. Nuestro cuerpo tiene memoria y asocia movimientos con sentimientos.

El movimiento genera sentimiento, así que una estrategia que utilizo constantemente es pedirle a la gente que levante la mano. Por ejemplo digo: "Levante la mano quién esté de acuerdo conmigo" (y al mismo tiempo levanto la mano para fomentar la acción).

Otro ejemplo:

"Haré una encuesta. ¿Quién de aquí cree que el dinero da la felicidad?". "Ahora por favor levante la mano quien piensa que el dinero no da la felicidad. Algo no me hizo sentido, a ver… levante la mano a quién le dio flojera levantar la mano…".

De esta manera hice que se moviera la audiencia al hacer que levantaran la mano, cosa que los mantiene atentos, pues sin movimiento llega el aburrimiento. Además, rematé con algo de humor: "Ahora levante la mano a quién le dio flojera levantar la mano".

Durante evento en Guadalajara

Hay un dicho que tenemos los conferencistas que me gusta mucho: "Cuando la pompa se cansa el cerebro no avanza". Y puedes mencionar esa frase y justo después pedirle a todos los participantes que se pongan de pie. Al hacerlo tendrás muchos beneficios pues tu audiencia se desestresará, se relajará y también se divertirá. Recuerda que el entretenimiento es esencial para todo aquel que desee ser buen conferencista, pues si no eres entretenido, algo más los estará entreteniendo. Pero… ¿Qué les pongo a hacer cuando estén de pie? Pide a las personas que saluden a quien tienen a su izquierda y a su derecha, como si les cayeran mal, como si no los quisieran ni ver porque son tóxicos, como si fueran sus suegros (humor de nuevo).

Ahora pídeles que se saluden como si fueran sus mejores amigos. Aquí vuelvo a utilizar el humor diciendo: "Saluda como si se tratara de esa persona que quieres, esa persona especial que valoras, como si fuera tu amante... bueno, sin caer extremos, no queremos líos… ¡por favor!".

Después debes justificar por qué se pusieron de pie o por qué se saludaron. Por ejemplo, cuando hablo de relaciones personales digo: "¿Cuál les gustó más, el primer saludo o el segundo? La gente dirá que el segundo, obviamente. Entonces dirás: "En el primer saludo cada persona evitaba mirar a la otra a los ojos, pero en el segundo sí se miraban frente a frente, pues bien dicen que los ojos son el espejo del alma. ¿Cómo crees que se siente una persona cuando la saludas y no la miras a los ojos? Entonces a partir de ahora utiliza el espejo del alma, utiliza tus ojos como transmisores de emociones y como medio para conectarte con las personas. ¡Míralas a los ojos! Pueden sentarse y dense un aplauso por favor".

El aplauso es otro recurso, pero nunca pidas un aplauso para ti a menos que sea humorístico porque de lo contrario te verás arrogante. Pide en cambio un aplauso para ellos. Por ejemplo, si haces una pregunta y la gente responde acertadamente, diles: "dense un aplauso por favor, se lo merecen". Así la gente se mueve al aplaudir, está sintiéndose bien por acertar y se reconecta con la charla.

Recuerda: el movimiento mata el aburrimiento porque genera sentimiento.

Otra estrategia es la siguiente: Pide a las personas que choquen las manos con la persona que tienen a su izquierda y a su derecha. Y después remata con un toque humorístico. Si la persona que está a tu lado se te hace fea, entonces choca las manos dos veces.

En ese momento la gente se ríe y habrá quienes la cocharán dos veces. Después puedes decir:

"¿Se dieron cuenta de que si las chocas dos veces entonces también te estás diciendo feo a ti? Eso es precisamente lo que pasa cuando queremos ofender a alguien más, se nos regresa. Todo en esta vida se regresa, tanto lo bueno como lo malo. Por eso mismo..."

De esta manera generaste movimiento, fue justificado, provocaste algunas risas y terminas con un estupendo mensaje.

Ahora veremos la técnica del masaje:
- Por favor pónganse todos de pie.
- Volteen todos a su derecha. (A los despistados les dices con humor: "A su otra derecha").
- Estiren sus manos hacia el frente.
- Pónganlas en los hombros de la persona que tienen al frente.
- Ya está todo listo. Entonces... ¡Hazle masajito!
(Aquí la gente siempre se empieza a reír)
Después pídeles que volteen para el otro lado para que quienes estén al borde de la fila no se queden sin masaje.

Debo advertir que existen algunas personas a quienes no les agradan este tipo de dinámicas. Sin embargo, en mi experiencia vale la pena hacerlo, pues se pone de pie el auditorio, se divierte y se desestresa. Pero esto solo es válido si lo haces con una justificación. Por ejemplo:

"Como comentaba en un principio, el ser humano logra mejores resultados trabajando en equipo que trabajando solo. Tienes que ir más allá de tu ego y entender que necesitas de los demás para vivir, no eres un Superman. Hasta para un pequeño masaje necesitas de los demás. Hay una frase que me gusta: "Si avanzas solo llegarás rápido, pero si avanzas acompañado llegarás más lejos". ¿Qué tan lejos quieres llegar?".

Hay muchas maneras de justificar una acción, el objetivo es que encuentres la tuya.

Tip 7: Sorprende constantemente

En las películas de terror nunca muestran al monstruo completo al inicio, sino que primero te van mostrando una parte de él, por ejemplo una garra, luego la cola, después los dientes y finalmente todo el monstruo, pues si desde un inicio te mostraran todo el engendro, este perdería su efecto sorpresa. En forma análoga, como conferencista debes ir "escalando" en tus temas para no perder el interés e ir sorprendiendo cada vez más, hasta llegar al final en donde ahora si mostrarás al monstruo completo.

Por ejemplo, si tu conferencia se titula "Los siete secretos de la comunicación". Al principio jamás muestres los siete puntos, pues se pierde el efecto sorpresa. Ve mostrando uno a uno y al final sí puedes mostrarlos todos a manera de resumen.

Otra forma efectiva para mantener la sorpresa es hacer lo siguiente. Dile a tu audiencia: "Les platicaré algo... bueno... creo que mejor no, es algo muy secreto...¿O sí quieren que les diga?". En ese momento la audiencia gritará: "¡SI!". Porque fuiste capaz de generar expectativa ya que la gente es curiosa, la gente quiere saber. Además, de esta forma no sueltas esa información de golpe sino que generas expectativa y la gente reafirma su emoción al decir que sí quiere saber. Recuerda: "Muestra la garra, no el monstruo".

Tip 8: Habla de algo muy del presente

Captamos mejor la atención de quien nos escucha cuando nuestro contenido es fresco, es del día. Por ejemplo, decir:

- "Hoy por la mañana venía manejando y me puse a pensar...".
- "Cuando estaba entrando al auditorio se me acercó alguien y me dijo...".
- "En la madrugada de hoy, cuando desperté me di cuenta de algo...".

Haz esto siempre y cuando sea cierto, pues la verdad es la mejor aliada del orador, aunque por supuesto en los chistes es válido exagerar e inventar, pues a fin de cuenta son eso, chistes.

TIP 9: Busca el "así es"

Un momento mágico en las conferencias es cuando tu audiencia asiente con la cabeza a la vez que dice: "así es". Pues es justo ahí cuando ellos sienten que piensas exactamente igual que ellos, lo que genera una conexión profunda y al tú ver que la gente realiza dicha acción, sentirás que tu empoderamiento aumenta, pues sabrás que lo que estás haciendo... ¡lo estás haciendo muy bien!

Tip 10: Utiliza un lenguaje corporal amistoso

Cuando un animal está por entrar en combate, lo primero que suele hacer es mostrar sus dientes. Imagina a un perro justo antes de morder: abre la boca, muestra sus dientes y el ser humano que se enfrente a él de inmediato se siente intimidado. Irónicamente algunos oradores al estar nerviosos o asustados sienten inconscientemente que están por entrar en una pelea, y sin darse cuenta muestran partes del cuerpo con las que se puede dañar al adversario. Por ejemplo, muestran mucho los codos, o muestran en exceso los puños en vez de las palmas de las manos. ¿Recuerdas las posiciones de pronación y supinación? Bueno, aquí se aplica el mismo concepto, aunque no solo con las manos, sino con todo el cuerpo. Básicamente es mostrar menos las partes "agresivas" o "duras" del cuerpo, como codos, puños, espalda y mostrar más las partes "amistosas" o "blandas" como el abdomen o las palmas de las manos.

Cómo ganar un concurso de oratoria

A veces me preguntan qué hice para ganar el concurso nacional de oratoria Toastmasters 2019. La verdad es que además de haber aplicado las técnicas descritas a lo largo de este libro, tuve muy en cuenta estas recomendaciones:

1.- Haz una buena apertura

Comunica una frase de impacto que despierte la curiosidad (si tiene humor, energía e información de valor, tanto mejor).

Ejemplo: En un discurso inicié poniendo cara de asustado y grité como si me hubieran espantado y mantuve esa cara de asustado (cosa que les dio risa). En ese momento todos me voltearon a ver y después dije: "(Volumen medio-alto y velocidad media) Si no te asusta no te reta (volumen medio-bajo y velocidad lenta) y si no te reta no te cambia. (Volumen y velocidad normal) Por eso, para mejorar (pausa)… (Subí volumen y hablé un poco más rápido) ES INDISPENSABLE CAMBIAR".

De esta manera ya tenía una entrada ganadora.

2.- Saluda al maestro de ceremonias, a los jueces y a tu audiencia

Ejemplo de saludo en un concurso de oratoria: "Honorable maestro de ceremonias, respetables jueces y distinguida audiencia, sean bienvenidos". Y si el maestro de ceremonias ya dijo: "Con ustedes Miguel Medrano con su discurso El poder de la naturaleza", en este caso es frecuente que el orador repita primero el título del discurso y luego diga su nombre, invirtiendo así el orden empleado por el maestro de ceremonias. Por supuesto, una buena opción si ya te presentaron es no decir tu nombre ni el título del discurso. No obstante hay algunas instituciones de oratoria que recomiendan presentarse aunque el maestro de ceremonias ya lo haya hecho. Así que mi consejo este caso es que te presentes y te adaptes a las reglas, pues las reglas no se adaptarán a ti.

3.- Haz una excelente introducción

V.V.V. + lenguaje corporal + contenido de valor + disrupción para ganar la atención + humor + conexión. Recuerda que en una sección anterior de este libro expliqué la esencia de la técnica V.V.V.

4.- Cuida tu lenguaje corporal

(V.V.V. + lenguaje corporal + contenido de valor)
En este punto debes hacer algo innovador, algo que las personas no hagan comúnmente. Y si puedes utilizar un objeto, mejor. Por ejemplo, si hablarás de la inseguridad puedes sacar un cuchillo, o si hablarás del heroísmo puedes llevar un gorro de policía.

5.- Crea un desenlace de impacto

V.V.V. + lenguaje corporal + contenido de valor + conclusión + invitación o reto.

Personalmente no me gusta decir "los invito".
Prefiero decir "los reto", pues con el tiempo me he
dado cuenta que esto tiene mayor efectividad.
Ejemplo de una "invitación" mía:
"(Velocidad media-rápida y volumen alto) Si crees
que yo vine a invitarte a alcanzar tu sueño, estás
TOTAL (micro pausa y volumen alto) MENTE
equivocado, (volumen bajo y velocidad rápida), yo
no vine a invitarte, yo vine a retarte a que lo hagas
(volumen medio y velocidad normal), a que luches
por ello, (volumen alto y velocidad rápida) a que
alcances tu sueño y para ello (volumen y velocidad
normal) recuerda estas tres cosas.

En esta parte repite tres cosas, presenta tres tips o
tres estrategias que se vieron en tu discurso, pero
cuida que sean tres, no dos ni cuatro. Tres es el
número mágico. De esta forma es como si les
estuvieras resumiendo tu discurso a las personas y
créeme, los jueces lo agradecen pues eso hace que
tu discurso sea muy concreto.

Recuerda, tus cambios de voz no se deben ver artificiales. Aquí te he transcrito el enfoque que apliqué en un discurso a nivel nacional.

6.- Cierra con maestría

Antes era casi de ley cerrar de manera fuerte, prácticamente gritando, pero en la actualidad muchos oradores han optado por cierres con un volumen bajo y altamente reflexivos.

Lo que importa no es si cierras con volumen alto o bajo, sino que dejes la mejor parte de tu discurso para el cierre, pues el final es lo que más recordarán de ti.

Si quieres ver más técnicas de cierre puedes ir al capítulo "Cierres efectivos" que aparece más adelante".

7.- Ten presente que menos es más

Una vez hayas hecho todo lo anterior, teniendo ya una apertura, saludo, cuerpo-introducción, desenlace-reto y cierre, en ese momento apenas empieza realmente tu discurso, pues solo tienes el primer borrador. Ahora viene la fase en la que debes pulir ese discurso.

La gente odia las palabras superfluas en un libro, y en la oratoria es exactamente igual: se trata de decir más con menos. Mientras menos palabras uses para explicar algo, mejor eres. Todo buen orador transmite mucho con muy pocas palabras.

Una estrategia para reducir tus palabras es hacer un discurso de 15 minutos, después recortas lo superfluo y lo haces de 10, vuelves a recortar y lo dejas en 5. De esta manera tendrás un discurso concreto y, créemelo, si lo que deseas es ganar, no te puedes dar el lujo de incluir en tu discurso trozos superfluos. Además, esto no solo aplica para los concursos de oratoria, sino también para tus conferencias.

8.-Sugerencias para tu concurso de oratoria:

➢ Usa una vestimenta formal. Un saco negro en conjunto con su corbata roja es buena idea.

- Utiliza loción pues probablemente saludes a los jueces y esto genera una buena primera impresión.
- Muestra algún objeto y justifícalo. Ejemplo: Puedes ponerte un gorro militar y decir: "Se como un militar, disciplinado, enfocado, deseoso de ayudar".
- Di algunas palabras que no sean muy comunes, tales como impoluto, prolijo o incólume. Si bien a los jueces les encanta por la variedad bucal, no dejes que esas palabras afecten la comprensión del discurso. Por ejemplo, puedes decir: "Sé alguien sabio, no alguien nesciente". De esta manera las personas entenderán por sentido común que nesciente es lo contrario a sabio e inteligente. En cambio, si solo dices: "Se alguien nesciente" Probablemente muchos no te entenderán.
- Titulo atractivo: Selecciona un título que sea de interés para tu audiencia. En el último discurso que realicé el titulo era: "Escala tu montaña". Una metáfora que hace referencia a superar nuestros retos.

➢ Haz algo innovador. Por ejemplo, el recurso que mencioné unas páginas atrás, cuando inicié un discurso temblando, con cara de asustado. Todos pensaban que moría de miedo, pero en vista de que mi discurso era del miedo, de repente dije: "No puedo hacerlo… pero no puedo hacerlo si me da miedo (y justo ahí cambié mi voz, mis posturas, dejé de temblar y me transformé en alguien totalmente diferente).

➢ En otra ocasión después de decir una frase de impacto ante el público, hice un gesto de agradecimiento para que las personas pensaran que ya había terminado.

Gesto de agradecimiento
en medio de una conferencia

En ese momento todas las personas comenzaron a aplaudir y entonces los interrumpí diciendo: "Todavía no termino, pero sí quería ese aplauso". (Ahí soltaron unas carcajadas). Después, repitiendo la postura de inclinación ante el público, dije: "Así me estiro yo", (remate del chiste) y justifiqué la acción diciendo: "Me gusta mucho el aplauso, porque siempre hay alguien que se queda dormido y el aplauso lo despierta y precisamente eso es lo que quiero que suceda contigo hoy, aquí, ahorita. ¡Que despiertes! Porque...". (En ese momento continué con el discurso que iba apenas a la mitad)". Este acto dio muy buen resultado pues fue innovador, llamó la atención porque el aplauso involucró acción por parte del público, fue divertido y además estuvo justificado con el mensaje de que aplaudir es para "despertar", es decir, para tomar conciencia de algo. Otra buena idea es que utilices tus talentos. Por ejemplo, si sabes hacer magia puedes utilizar algún truco y justificarlo con una metáfora. Por ejemplo, si hablarás de la corrupción puedes desaparecer la moneda y después decir: "Justo eso es lo que nos está sucediendo: está desapareciendo nuestro dinero y está despareciendo a causa de la corrupción".

Lo esencial aquí es que hagas algo nuevo, porque créelo, nadie ama las copias.

➢ Apégate al 100% a las reglas. Verifica cuáles son los criterios a evaluar y síguelos al pie de la letra. De todos los tips que has visto en este capítulo, este es el más importante.

¿Qué hacer con un público difícil?

Es mejor prevenir un incendio que apagarlo. Es mejor evitar que aparezca un público difícil a lidiar con él. Una forma muy buena para evitar públicos difíciles es estableciendo acuerdos, que algunas personas les llaman "reglas del juego". Pero… ¿Reglas del juego o acuerdos?

Aunque a nadie le gusta que le impongan reglas, las personas están dispuestas a llegar a acuerdos, pues cuando hay algún acuerdo haces sentir importante a la otra parte porque la haces sentir parte de la decisión, ya que es un acuerdo y no una imposición. Por lo tanto, responderán de mejor manera y será más difícil que rompan el acuerdo.

Un acuerdo que sugiero es el de silenciar el teléfono, pues si alguno está sonando es bastante molesto y afecta toda tu ponencia.

Una situación que hemos vivido muchos oradores es la de tener a un bebe llorón dentro del público, lo que no permite que los demás escuchen amenamente lo que tienes que decir. Por lo tanto, si hay un bebé haciendo ruido te sugiero que le pidas a uno de tus asistentes que hable con quién esté a cargo del bebé y lo retire. Si no cuentas con apoyo dile a la persona que trae al bebe: "Con mucha pena ¿Podrías sacar a tu bebé por favor? Sé que es muy lindo que estés aquí con él, pero desafortunadamente está distrayendo a los demás".

En este caso se hicieron tres cosas claves para pedir un favor:

1 - Pregunté (¿Podrías sacar a tu bebé por favor?) y no ordené, pues al preguntar hacemos sentir a la otra persona como si formara parte de la decisión.

2 - Busqué empatizar, aunque de una forma muy sencilla. (Sé que es muy lindo que estés aquí con él).

3 - Justifiqué, pues expliqué el porqué de las cosas. (Está distrayendo a los demás)

El preguntón

Muchas veces aparece dentro de la audiencia la persona que tiene preguntas, todo tipo de preguntas y al inicio parece ser bueno pues da una imagen de alguien interesado y participativo. No obstante, cuando exagera puede llegar a ser molesto e interrumpe el ritmo de la ponencia. Lo que te sugiero aquí es decirle: "Si quieres, al final contesto tu pregunta". Además es muy importante que destines siempre al final un espacio para las preguntas, para que así la gente (si tu así lo deseas) no interrumpa durante la ponencia. Por otro lado hay gente que quiere participar y al hacer la pregunta cumple su deseo. ¡Déjalos que satisfagan sus deseos! Además, si quieres mantener una muy buena imagen, no olvides agradecerles siempre por preguntar y en lo posible dirígete a ellos por su nombre.

Tip: si te preguntan algo, evita rascarte la nariz, cruzar los brazos o tomar agua justo en ese momento, pues da la sensación de que algo no anda bien.

Algo que suelo hacer antes de que me pregunten, es decir de forma humorística:

"Si sé la respuesta, con gusto se las digo. Si no, me haré menso, como que no los escuché".

Tú debes decidir si la gente puede interrumpir o no durante tu conferencia. Muchas veces desde un inicio de una presentación informo a los participantes que las preguntas van al final y que durante la conferencia solo se puede preguntar si no se entendió un concepto que acabo de explicar. Pero si estoy dando un curso, o taller, permito preguntas en todo momento.

El payasito

Supongamos que vas subiendo al escenario y alguien te chifla. Una buena forma de responder es diciendo: "Gracias público de buen gusto". De esta forma imprimes algo de humor e inicias bien. No obstante, cuando alguien cruza la línea ya no es divertido sino molesto. Por lo tanto debes evitar eso a toda costa, pues si alguien está constantemente burlándose de ti, pierdes autoridad. Lo que debes hacer es evidenciar a la persona, si alguien chifla pregunta: "¿Quién fue?". En ese momento le dices en tono formal, mas no agresivo: "Te pido respeto por favor, puede que lo hagas para divertirnos, pero no es eso lo que está sucediendo" y le saludas de mano. De esta forma quedarás muy bien ante tu audiencia.

Apático

Hay una "ley" dentro de los conferencistas: deja de preocuparte por caerle bien a todo mundo, pues ni siquiera Jesús logró eso. Se dice que aproximadamente a un 80% de tu audiencia le caerás bien, a un 10% le dará igual y al 10% restante no le vas a agradar. Escribí "ley" entre comillas puesto que no siempre es así. En los públicos casi siempre existirá el apático y si es uno no te preocupes no le des mayor importancia. El problema es cuando ya no es uno sino que son muchos, entonces el problema no es el público, sino el ponente.

Tu vestimenta

Aunque no soy un experto en imagen sí he entendido el principio del camaleón y eso es la adaptación. Si pones a un camaleón en un fondo verde el camaleón se tornará de ese color y si lo pones en un fondo café, el camaleón ahora será de color café. Esto debido a que el camaleón se adapta a la situación y no a la inversa. Es por ello que debes adaptarte. Por ejemplo, si te gusta vestir siempre con playera tipo polo, pero hablarás ante una audiencia en donde estarán presentes personas muy formales de traje y corbata, mi sugerencia es que vayas vestido de la misma forma. En cambio, si irás a un colegio de adolescentes, lo peor que podrías hacer sería ir vestido de traje. En este caso para generar empatía con la audiencia te sugiero que vayas vestido como ellos. Puedes ir, si así lo deseas, con pantalón de mezclilla, tenis y una playera informal, para así generar identificación. Y si los jóvenes se identifican contigo, créeme, tienes mucho por ganar. Un problema en una escuela sería que fueras de traje y que los jóvenes te identificaran con un profesor, pues estos generalmente no son de su máximo agrado.

Un gran orador debe destacarse no por la forma como viste sino por la forma como habla.

Siempre antes de iniciar una conferencia pregúntate:

1. ¿Qué quiero proyectar con mi vestimenta?

2. ¿Qué no quiero proyectar con mi vestimenta?

3. ¿Mi vestimenta me ayuda a lograr ese objetivo?

¡Haz dinero con tus conferencias!

Algo maravilloso en mi vida son las conferencias, porque significan la oportunidad de hacer algo que me apasiona. De hecho, aunque no me pagaran lo haría, porque lo disfruto demasiado. No obstante, si lo disfruto y aun así me pagan por ello, ¡TANTO MEJOR!

Ahora te compartiré unas estrategias que me han servido para crecer con mis conferencias.

Estrategias iniciales:

1.- Garantía como método de ventas

Esta es una buena estrategia para personas que se están iniciando en las conferencias. Por ejemplo, si una empresa duda en contratarte por tu precio (suponiendo que sea elevado) lo que puedes hacer es lo siguiente: vas y le dices a la persona contratante (que por lo general es el director o el encargado de recursos humanos): "Te doy una garantía, si mi conferencia no te gusta te la regalo. Así tú no pierdes nada y este convenio te lo dejaré por escrito".

De esta manera la persona no tiene nada qué perder, pues si la conferencia no le gusta no la paga, pero si le gusta te pagará, lo que significa que la conferencia realmente vale el precio al que la estás ofertando.

Yo hice eso durante mucho tiempo y nunca nadie se quedó sin pagarme pues mis conferencias les gustaban. De todas formas yo estaba preparado por si en algún momento alguien no me pagaba, pues lo pensaba así: Si no le gustó, al menos gané experiencia y puedo preguntarle: "¿Qué no le gustó?". De esta manera me enfoco en corregir ese error y para la próxima vez tendré una mejor conferencia".

Otra opción es pedir un 50% de anticipo y dejar el 50% restante como garantía, de esta forma ya aseguraste la mitad de tu trabajo.

2. Emplea un punto de anclaje

Si ves un carro que cuesta 300.000 dólares y a un lado ves una corbata que solo cuesta 200 dólares, la corbata no te parecerá tan cara en comparación con el auto. No obstante, cuando te pones a analizar verdaderamente el precio de la corbata te darás cuenta de que sí es cara. Este es el efecto del anclaje. Una estrategia que yo he utilizado es tener boletos de diferentes precios, supongamos:

Zona VIP: $2000
Zona Diamante: $500
Zona Oro: $350

De esta forma el primer precio que ve el prospecto se le hace muy caro, sin embargo, cuando va bajando su vista se da cuenta de que no era tan caro. Probablemente pensarás ¿Y si no se venden esos boletos? No te preocupes, esos boletos de hecho no están diseñados únicamente para venderse, sino que están diseñados para generar un anclaje y para crear una futura posible venta.

Si tienes un auditorio de 1000 personas, esos boletos deberán ser menos de un 10%.

Esto debido a que son los más difíciles de vender. Pero si confías en tu trabajo entonces esto te gustará. ¡Los boletos caros que no se vendan los vas a regalar a personas estratégicas, personas que al ver tu conferencia puedan contratarte después! Por ejemplo, regala unos boletos al gerente de una empresa y al director. De esta forma si les gusta tu ponencia, podrán contratarte después. Además, ya generaste en ellos un "sentimiento de deuda" porque les regalaste algo.

Por otro lado, puedes potenciar las ventas de las entradas VIP si estas no solamente incluyen la conferencia, sino que también incluyen una sesión de coaching o de consultoría grupal. Recomiendo que esta sesión sea de 45-60 minutos antes de iniciar la conferencia (en todo caso cuida tu voz y evita caer en extremos).

3. Habla en público en internet

Los videos en la Web son una excelente forma de llegar a miles de personas. Antes solo podías comunicarte con quien estuviera presente en tu disertación, pero ahora con un simple vídeo de una conferencia, puedes llegar a millones. De hecho, la semana pasada (mientras escribo esto) por medio de un video me contrataron para una conferencia. También hoy en la mañana recibí otra invitación para una conferencia, gracias al contenido digital. El siguiente enlace remite a un video mío, titulado La persona correcta", que cuenta con más de 1.000.000 de reproducciones: https://www.facebook.com/alejandrotobiaspro/videos/348245595976447/

Mi recomendación es: graba todas tus conferencias y utiliza un micrófono Lavalier para que se escuche bien tu grabación. De esta forma puedes ver después el video y subir a las redes las partes más interesantes.

Además, si así lo deseas puedes vender tu conferencia digital, para lo cual basta con que la subas a una plataforma como la de Udemy.

Si la conferencia es en vivo, sitúate de cara a tu audiencia pero repentinamente también frente a la cámara para que los que te están viendo a través de una pantalla también se sientan como parte del público. No obstante, si estás grabando un vídeo para subirlo a redes (no en una conferencia), lo ideal sería que miraras a la cámara al menos 2/3 partes del tiempo. Es decir, por cada 30 segundos, durante 20 deberás mirar a la cámara.

4. Pedir una recomendación de quien te contrató

Después de tu conferencia dile al organizador: "Si te gustó mi conferencia, recomiéndame", pues como es bien sabido, la mejor publicidad es la de "boca en boca". Aunque veas un anuncio espectacular de un restaurante con su magnífica comida, este no te convencerá tanto como lo hace un amigo que te recomienda probar su plato predilecto. Lo mismo en las conferencias, busca que te recomienden, eso sí que seduce.

5. Emplea la estrategia de conferencias gratis

Creo que son cuatro las razones por las que al inicio debes regalar conferencias:

1. Para adquirir experiencia, pues la mejor forma de aprender a hablar en público efectivamente es precisamente… ¡Hablando! Por lo tanto, tu mejor herramienta será la práctica, así que súbete al escenario cada vez que puedas.

2. Para que te des a conocer, pues al inicio lo más probable es que no todo el mundo te conozca, así que tendrás que atraer al público con tus propios méritos. Por lo tanto, deberás hacer que los demás te vean.

3. ¡Para vender más! pues si cuando tú estás empezando das una conferencia o capacitas a un grupo importante como Honda, Volkswagen, Nike o cualquier marca reconocida a nivel mundial, estás aumentando tu prestigio. ¿Qué crees que sucederá si en tu hoja de vida escribes:

"(Tu nombre) ha impartido capacitaciones en empresas como Honda, Volkswagen y Nike?

4. Porque una de las alegrías más grandes es la de regalar conferencias a gente que si no fuera por tu buena acción no habría adquirido ese conocimiento. Además, ¿de qué sirve ser el mejor orador sino eres capaz de mejorar el mundo?

6. Júntate con leones

Rodéate de los mejores para aprender de ellos y para apalancarte en ellos. En mis inicios yo organizaba eventos e invitaba a conferencistas, aunque previamente les avisaba que antes de que ellos dieran su ponencia yo daría una muy breve. Esto porque si apareces con personas importantes y en tu CV escribes "(tu nombre) ha compartido escenario con personas como: (ahora nombres de conferencistas famosos)". En ese momento la gente crea asociaciones, y si apareces rodeado de personas muy buenas para dar conferencias, quien esté leyendo tu CV te asociará con ellos, y concluirá que eres muy bueno dando conferencias.

Algunos de los conferencistas con los que he aplicado esta técnica han sido: Facundo, Rafael Pérez Arellano "Rafafá", Adriana Corona, Carlos Muñoz, Mauricio Benoist, Ricardo Perret y Rorro Echávez.

7. Busca un agente o representante

Tener un agente o representante te otorga mucha autoridad y te hará ver como alguien profesional. Además, puedes pagarle solamente por comisión, de tal manera que esa persona no tenga un sueldo fijo. Entonces solamente por cada conferencia que él o ella te consiga tú le darás una pequeña parte de lo recibido. De esta forma cualquiera puede ser tu agente de ventas, hasta un amigo, familiar, conocido, etc.

El agente puede ayudarte además en muchas otras cosas y una de las más importantes es como asistente en tus conferencias, pues nunca sabes para qué lo necesitarás, desde una ayuda con el proyector y cambiar de diapositiva hasta pasarte una botellita de agua para que no se te seque la garganta.

Otra manera en la que puedes apoyarte en tu agente es pidiéndole que sea él quién te presente al inicio de una conferencia, pues cuando nos presentamos y hablamos al inicio de los estudios académicos o logros que tenemos, podemos parecer un tanto arrogantes y perder credibilidad (por eso yo nunca recomiendo autopresentarse). En cambio, cuando alguien más nos presenta y menciona nuestros logros, ya no parecemos arrogantes.

8. Promueve eventos propios

Lo que más dinero te dejará es crear tus propios eventos, aunque a diferencia de una contratación, aquí tendrás que invertir tiempo para planear y organizar. Supongamos lo siguiente:

Vendes tu conferencia a un emprendedor por un valor de 1500 dólares y él vende a 25 dólares la entrada a tu evento y logra vender 300 entradas. Eso significa que tuvo un ingreso de 7.500 dólares. Pero pagando él auditorio, sonido, publicidad, viáticos, tus honorarios, etc, se queda con 4.000 dólares ¡Más del doble que tú! Por lo tanto, crear tu propio evento es excelente cuando de hacer dinero se trata. (Aunque admito que es muy cómodo el no tener que organizar y simplemente subirse al auditorio y hablar).

9. Haz eventos de beneficio

En este mundo no puedes simplemente salir ante el público, hacer dinero y despedirte. No, debes ayudar a los demás. Así que haz eventos de beneficio, dona algo de dinero. Al margen de la religión que puedas tener o no tener, simplemente cree en esto: "Si eres una buena persona y haces las cosas bien, te va a ir bien". No obstante, además de hacer donaciones, también debes generar tus propios recursos monetarios. Por eso una buena estrategia es anunciar que "x" porcentaje de los ingresos serán donados a cierta institución. De esta forma la institución te ayudará a promover tus entradas, tú les ayudas e ellos y, al ver que estás ayudando a los demás, la gente compra. De esta forma todos salen ganando.

10. Escribe tu historia

Un libro es tu mejor carta de presentación y te muestra como autoridad en algún tema.

Para vender una conferencia todo se vuelve más sencillo si la gente sabe que eres el autor de uno o más libros. Mi primer libro, por ejemplo, titulado: "¡Te comerán los leones!", de empoderamiento, motivación y crecimiento humano, me ha abierto puertas importantes para mis conferencias. Entonces cuando vendo una conferencia platico algo acerca de mi libro y todo se vuelve más sencillo, pues si mi conferencia es respecto a alguno de esos temas, la gente no dudará en que soy un conocedor del tema.

Sugerencia: escribe tu libro. En lo posible destina un tiempo prudencial todos los días y si escribes cinco páginas diarias, en solo 36 días tendrás un libro/borrador de 180 páginas. Como recomendación utiliza tamaño de letra 13 y un interlineado de 1.5. De esta manera no haces pesada la lectura y evitas estresar al lector.

Si piensas escribir un libro de 500 páginas está bien, pero yo te recomendaría que más bien hicieras mejor dos libros (cada uno de 250 páginas). Así tienes dos fuentes diferentes ingresos y venderás más, pues cuando un libro es muy grande a muchas personas les da pereza leerlo. Además, si vendes tu libro en librerías y al final de tu obra pones tu contacto y ofreces tus servicios de conferencias, puedes llegar a obtener un ingreso por la venta del libro y otro mucho mayor si el lector te contrata para una conferencia. El libro te vende conferencias y las conferencias te venden libros.

Vendiendo libros al terminar conferencia

11. Graba Testimonios

Es importante que luego de dar tu conferencia grabes algunos videos testimoniales, con los cuales podrás promover tus futuros eventos.

12. Al terminar tu conferencia deja canales de comunicación

Seguramente después de tu conferencia habrá alguien que tenga dudas o preguntas. Por lo tanto, algo que la audiencia agradecerá es que les dejes un medio por el cuál puedan comunicarse. En mi caso lo que hago es dejar los datos mis redes sociales, pues de esta forma si quieren comunicarse entran a mi página y muy probablemente cuando lo hagan, se convertirán en mis nuevos seguidores.

13. "Nadie es profeta en su propia tierra"

Aunque es posible que te vaya muy bien en tus conferencias cuando las das en tu ciudad de origen, casi siempre te irá mejor en otras ciudades, estados o países. Esto debido a que la gente piensa "Si viene desde tan lejos a hablar, es porque debe ser muy bueno". Por lo tanto, busca otras opciones y ve a otros mercados, explora nuevos lugares. Además, todo lo que vale la pena en esta vida lo encuentras cuando cruzas la zona de confort.

14. Vende algo más

Un gran error es no vender algo al terminar tu conferencia. En mi caso suelo vender algunos de mis libros. Además, si el libro le gusta a alguien y me recomienda, con esto puedo llegar a vender otra conferencia. Sin embargo, si aún no tienes un libro no te preocupes, puedes grabar una conferencia tuya y vender el audio o puedes vender libros de alguien más.

Otra cosa que puedes hacer y te será aún más lucrativa que vender libros de alguien más es vender tu curso. Por ejemplo, si tu conferencia para mil participantes tiene un valor de 50 dólares por persona y una duración de 2 horas, entonces ahora puedes vender un curso para menos personas –en lugar más chico, con una duración de 8 horas– por un valor entre 300 y 500 dólares por participante. No obstante, como buen negociante la venta aún no acaba, pues al final de tu curso debes vender algo más, por ejemplo sesiones de coaching. Y esas obviamente son las más caras, pues son sesiones personalizadas. Ahora repite el ciclo y no olvides vender "algo extra" en cada oportunidad, y en cada una de esas tres etapas promociona tu libro, pues aunque quizá esa venta del libro no te genere muchos ingresos, fideliza a las personas y hace que tengan una mayor conexión contigo, gracias a lo cual es más probable que te recomienden y que compren otro producto que les ofrezcas posteriormente.

Consejos básicos

➢ Se auténtico, nadie ama las copias, las cuales tienen muy poco valor en el mercado. Ponte a pensar: ¿qué sucede en la economía cuando hay mucha oferta? Baja el precio. Y cuando hay poca oferta aumenta el valor. Lo mismo ocurre contigo: mientras más único seas más, de mayor valor serás para los demás.

➢ Revisa tu vestimenta e imagen y busca que tu forma de vestir sea la más indicada. Debes lucir como un "Role Model", como un ejemplo a seguir. No solo tienes que ser ese alguien "sabio" sino que tienes que ser ese Tony Stark, esa persona que es inteligente pero que a la vez es cool.

➢ Si hablas de ventas, economía o administración, aún así da un mensaje de valor y hazlo siempre con valores.

¿Qué hacer antes de tu conferencia? La técnica "Me Vi Pro"

Esta es una estrategia de preparación mental que he utilizado y me ayuda a entrar en un excelente estado mental, pues entro lleno de confianza, sin miedo y con mucha energía. A esta técnica la denomino: "Me Vi Pro": Meditación, visualización y proyección".

Esta técnica la utilicé justo antes de ganar el campeonato nacional de oratoria 2019 y funcionó a la perfección. También se la recomendé a una amiga, la utilizó, y en aquella ocasión ella quedó campeona.

Lo primero que debes hacer es meditar. Si no sabes hacerlo, puedes simplemente recostarte o sentarte manteniendo recta tu columna, cerrar tus ojos, relajar tus músculos y enfocarte únicamente en tu respiración, tomando consciencia de la inhalación, de la forma cómo retienes el oxígeno y cómo exhalas. Esto lo hago durante diez minutos, y luego paso a la visualización, en la que empiezo a verme tal y como quiero que me vaya en la conferencia. Pienso que toda la gente está muriéndose de ganas por escucharme, me imagino de pie en el escenario y trato de imaginar cualquier detalle, no importa que sea el más pequeño. Pienso en cómo me veré al hacer los movimientos. Casi estoy sintiéndome ya en la conferencia y me enfoco en lo bien que va a salir. Esto lo hago durante tres minutos.

Después llega la parte final, la proyección, en donde me proyecto a un "Peak state" (estado pico), basado en los anclajes emocionales. ¿Recuerdas que vimos cómo hacer esos anclajes? ¡Pues es hora de aplicarlos!

Lo que hago es escuchar una canción que me empodera, una canción que me motiva y me hace sentir bastante enérgico, y al mismo tiempo repito movimientos que hice cuando me encontraba en ese "estado pico". Pero no solo hago eso sino que también comienzo a recordar los mejores momentos de mi vida: recuerdo momentos de poder, momentos de energía y, al revivir esos momentos, estoy listo para salir al escenario y dar una gran conferencia.

El tiempo de proyección puede variar. Yo puedo entrar en un estado pico en pocos segundos, pero hay personas que tardan a veces un poco más. Sin embargo, cuando entro en estado pico lo mantengo durante tres minutos y siempre procuro hacer este último ejercicio lo más cerca posible al inicio de la conferencia. En la mayoría de las ocasiones estoy detrás del telón y permanezco en estado pico simplemente esperando a que digan mi nombre para salir y entregarlo todo.

Ventajas de saber hablar en público

1. Redimensionas la forma de encarar los problemas

Una ventaja de ser orador es que los problemas ofrecen nuevos contenidos para tus ponencias pues cuando los solucionas se convierten en aprendizaje de gran valor, como por ejemplo aquella vez que a las cinco de la mañana me quedé solo en la montaña más alta de México, el pico de Orizaba, sin agua ni comida y sin el cable que podía unirme a otras personas, denominado la línea de vida.

Aunque en ese momento yo estaba en un gran lío, ahora todo aquello fue una magnífica experiencia porque me dejó una gran lección de vida. Si te interesa leerla puedes verla en mi libro ¡Te comerán los leones! al igual que el relato del triatlón Ironman del año 2017 y cómo vencí a los 17 años de edad al campeón nacional de Lima Lama y de Kick Boxing.

2. Aumenta tu capacidad de persuasión

Recuerdo que cuando era chico, un día estaba con unos amigos y de repente me retaron a ir a hablarle a una niña, cosa que me daba mucho miedo, pues no me sabía expresar correctamente. Así que un amigo me dijo: "Alejandro no te preocupes solo ve y dile algo bonito que le veas". Así que la miré...y la miré....y la seguí mirando, y no encontraba ese algo bonito, pero vi que tenía una cola de caballo muy bien hecha, así que pensé en que le diría: "Qué bonita cola de caballo tienes" y repetí al menos unas 20 veces aquella frase antes de atreverme a hablarle. Cuando llegó el momento de hablarle yo estaba sudando. Sentía mucha presión, como si tuviera un océano sobre mí. Mis manos sudaban copiosamente y parecía que había un terremoto dento de mí por tanto temblor. Pero aún así me atreví a hablarle. Llegué, la miré y por los nervios solo pude decir la mitad de la frase: "Que bonita cola....".

En ese momento recibí una cachetada que aún retumba en mi cabeza. Definitivamente no pude persuadirla y no pude hacerlo porque no sabía comunicar. Cuando llegas a la etapa en que sabes comunicar, es porque:

- Has vencido muchos miedos
- Ha aumentado tu confianza
- Has elevado tu autoestima
- Te resulta sencillo establecer una conversación.

Con estas habilidades, si las cultivas y desarrollas, podrás persuadir a las personas, pues alguien capaz de hablar con firmeza, seguridad y carisma proyecta muchísima convicción. Antes de tomar cursos de ventas, los vendedores deberían tomar cursos sobre cómo hablar en público, para que al momento de enfrentarse con los clientes, puedan persuadirlos al mostrar seguridad, confianza y elocuencia.

Si tienes oportunidad te invito a ver estos videos (están en inglés) de dos campeones mundiales de oratoria: Mohammed Qahtani y Manoj Vasudevan:
https://www.youtube.com/watch?v=lqq1roF4C8s
https://www.youtube.com/watch?v=zSmq4Wsz28w

Ahora dime ¿Qué opinas de la persuasión? Solo necesitas mostrar seguridad al decir algo, solo eso para poder convencer al público. Pero recuerda, manteniendo siempre la moral y los buenos valores por encima de todo.

3. Aumenta la confianza en ti mismo

Al vencer el miedo comienzas a cambiar tu vida, pues uno de los mayores miedos del ser humano es el de hablar en público. De hecho, si preguntas a tu círculo de amigos cercanos, lo más probable es que la mayoría digan que les da miedo hablar en público.

El punto aquí no es tener miedo, sino tener la capacidad de superarlo, pues cuando lo hacemos mejoramos como seres humanos.

4. Fortaleces tu liderazgo

Es difícil, si no imposible, ser un buen líder sin saber comunicar. El liderazgo es servicio, influencia y persuasión y para estas últimas dos palabras vas a necesitar saber habar en público. Y si ya lo estás haciendo, te felicito por ello.

Cuando un líder tiene una visión y comunica pasión, y convicción, las cosas en su grupo u organización empiezan a cambiar. Pero para poderlo comunicar, primero debe saber hablar correctamente.

Imagina a aquellas personas que han cambiado el mundo, aquellas que han dejado una marca, aquellas que morirán en cuerpo pero no en la mente de los demás. ¿Sabían hablar en público?

¿Qué piensas de Steve Jobs, Nelson Mandela, Luther King y Jesucristo? ¿Qué tenían en común además de ser líderes? ¡Sabían hablar en público!

El próximo líder que genere un cambio positivo en este mundo será un orador… ¡y ojalá ese gran orador sea quién está leyendo este libro!

Qué hacer para que no olvides tu discurso

"Mejor que apagar un incendio, es evitarlo". Olvidar lo que se estaba por decir puede llegar a ser una de las mayores pesadillas de cualquier orador que no sepa improvisar. Sin embargo, si has practicado los ejercicios para tener una mayor agilidad mental, seguramente ya no sufrirás con este problema, puesto que tendrás una gran capacidad de improvisación. Aun así veremos algunas estrategias para que no olvides tu discurso.

1. Divide y vencerás

Divide tu discurso en partes. Supongamos que tienes que dar un discurso de diez minutos, entonces te sugiero que dividas tu discurso en cinco partes, para que así tengas cinco fragmentos de dos minutos cada uno. Ahora, es importante que no memorices palabra por palabra, porque si llegaras a olvidar una palabra, todo tu discurso podría irse a pique. En cambio piensa en imágenes e ideas. El problema al intentar memorizar lo que escribes es que "no escribes como hablas", pues al escribir tenemos mucho más tiempo para pensar y esa es una de las razones por las cuales fallan tantas personas al intentar memorizar un discurso escrito. Memoriza imágenes e ideas, no textos.

En mis concursos de oratoria, jamás memoricé un discurso. Cada vez lo decía de una manera diferente, utilizaba palabras distintas y muchas veces cambiaba el orden, aunque la idea que transmitía era la misma. La única ocasión en la que aconsejo memorizar es cuando citarás frases que alguien más dijo, o cuando se tenga que decir exactamente una oración. Por ejemplo, si estás contando una historia, no tienes que memorizar al 100% el orden de las palabras, sino que debes memorizar las ideas (no las palabras) y platicarlas. De esta forma te será más fácil lograrlo.

Cuando hayas terminado de practicar tu primer fragmento del discurso de cinco minutos, ahora repítelo y enseguida practica con el segundo. De esta forma sigues practicando el primero, y después, al tener ya memorizado el 2° discurso, empiezas con el 3°y ahora dices el 2° y el 3° juntos. Después el 3° y el 4° hasta llegar al 4° y al 5°. En ese momento cambias y dices todo el discurso completo. Verás que de esta forma te será mucho más sencillo aprenderte el discurso, pues ya generaste una secuencia ordenada en tu cerebro.

2. Emplea hojas de apoyo

Esta estrategia, muy adecuada para oradores principiantes, consiste en pegar hojas en el suelo, en secuencia ordenada, siempre y cuando el tipo de auditorio lo haga posible y el público no pueda verlas. Por ejemplo, si vas a hablar de las diez mejores estrategias de ventas, pega en orden de izquierda a derecha las estrategias en el piso. De esta forma si olvidas lo que ibas a decir lo único que debes hacer es voltear al suelo. Sin embargo, pégalas bien para que tu público no las note. Esta estrategia la puedes emplear en un escenario elevado, pues si estás a la altura del público, ellos podrán ver tus hojas y toda la magia de tu presentación desaparecerá. Otra cosa que puedes hacer es simplemente utilizar un teleprompter (una pantalla que solo tú podrás ver). Esta es una herramienta muy utilizada por los políticos, aunque al emplearla en el discurso pierde frescura. Mi recomendación es que mientras vas adquiriendo experiencia como conferencista uses teleprompters y este tipo de apoyos, pero cuanto seas un experto olvídate de ese tipo de recursos.

3. A través de la emoción genera aprendizaje

Como ya hemos visto, la emoción genera recordación. ¿Qué pasó el día más triste de tu vida? ¿Me puedes decir qué hiciste el día más feliz de tu vida? ¿Cuál fue el momento más sorprendente de tu vida? ¿Qué desayunaste el martes de la semana pasada?

Quizá recuerdes bien esos momentos, pero no puedas responder a la última pregunta. La mayoría de la gente no recuerda que comió hace una semana, incluso cuando esta fecha haya sido mucho más reciente que el día más triste o más feliz de su vida… ¿Por qué? Esto sucede debido a que el cerebro recuerda lo que nos genera emociones. Es por esto que debemos apalancarnos de ellas y además combinarlas con algo más:

"Emoción + repetición = Recordación"

En muchas ocasiones me han preguntado "Alejandro, ¿cómo logras recordar tu discurso?". Y simplemente respondo: "Me apasiono". Cuando te apasionas y sientes lo que estás diciendo, recordar resulta muy sencillo. Si lo que dices te emociona, todo te será mucho más sencillo de recordar, pues el cerebro aprende con emoción. Ahora bien, si combinas esta emoción con repetición tendrás una bomba de recordación y de esta forma te será muy fácil aprender tu discurso. Cada vez que practiques tu discurso o presentación hazlo con emoción, siente lo que dices y te será más fácil recordar. Recuerda, la pasión facilita en gran medida la memorización.

Mapa mental

Hacer un mapa mental es una excelente estrategia para no olvidar los discursos. Para esto no olvides hacer dibujos o tomar imágenes, pues el cerebro piensa en imágenes y no en palabras. Por lo tanto, si quieres recordar te será mucho más sencillo basarte en imágenes que en palabras, creando para ello tus propios mapas mentales.

Cómo mantener la atención de la audiencia

Recuerda que siempre estás ante el desafío de captar la atención de las personas, así que procura romper constantemente con la monotonía, siempre y cuando esto sea justificado.

Exageración

Puedes exagerar un poco el lenguaje no verbal para llamar la atención, siempre y cuando no cruces esa línea que pasa de lo natural hacia lo artificial.

Rimas

Las rimas son un recurso muy efectivo, por ejemplo: "No es la situación… sino tu reacción ante la situación lo que determinará si hay o no solución". Solo recuerda, al igual que todas las técnicas que vemos, las rimas son un recurso, pero no debes abusar de su uso.

Tacto

Una estrategia que funciona muy bien es que al bajar del escenario toques a alguien. Puedes...

- Estrechar su mano
- Chocar un puño
- Colocar tu mano en el hombro de esa persona

Si eres hombre toca el hombro de un hombre y si eres mujer toca el hombro de una mujer, para así evitar temas sexuales y no lo hagas durante más de tres segundos para no generar incomodidad.

Las mejores preguntas

Antes de iniciar un discurso, te recomiendo que lleves una estructura de este tipo, y para ello es indispensable que te preguntes lo siguiente:

1. ¿Cuál es mi objetivo?
2. ¿Cuál es mi audiencia?
3. ¿Cuánto tiempo tengo?

Estas preguntas son muy importantes. Hay muchos oradores que olvidan hacerlas y a causa de ello se crean problemas. Por ejemplo, si el objetivo de tu discurso es convencer a la gente de no contaminar, entonces apégate al tema, pues si ese era el tema de tu discurso y terminas hablando de tu afición por los automóviles, la gente va a terminar incómoda. Por otro lado, es importante que conozcas bien a la audiencia para poder comunicarte con ella "en su mismo idioma". Todo esto sin dejar de lado el factor tiempo, pues es muy común que a un orador le asignen cierto tiempo y este no termine su ponencia en el tiempo otorgado, ya sea porque se pasó del límite asignado (falta de respeto a los demás) o porque no le alcanzó el tiempo para cubrir los temas que había prometido (lo que denota fallas en la planificación).

Cierres efectivos

El cierre es la parte más importante de tu discurso, pues es lo que recordará la audiencia. Incluso si llegas a tener un mal inicio, pero al final cierras bien, tu público conservará esta última imagen. Sin embargo, si inicias bien y cierras mal, el público se quedará con lo último. Por otro lado, si deseas que la gente termine aplaudiéndote de pie (stand up ovation) es muy importante un cierre magistral, pues eso los motiva a ponerse de pie y agradecerte como orador. Y si eso sucede, ya verás cómo te empoderarás y querrás estar a cargo de tu próxima conferencia.

Cierre reflexivo

Para un cierre reflexivo es buena idea terminar con un volumen medio-bajo o bajo, velocidad media-lenta y rematar con alguna pregunta. Ejemplo: "¿Qué harás la próxima vez que tengas la gran oportunidad frente a ti? Gracias".

Cierre avisado

Otra forma de cerrar es avisando, pues muchas veces la conferencia está tan buena que la gente no se esperaba un cierre y ya no solo quiere, sino que necesita escucharte más. Por lo tanto, una buena estrategia para estas situaciones es avisar que viene el cierre, diciendo coas como: "Señoras y señores muchas, gracias por su gran interés en esta conferencia, y para cerrar quiero dejarles esta reflexión… (Dices aquí tus últimas palabras las cuales deben ser de lo mejor). De esta manera el público ya está preparado y no siente tan brusco tu cierre.

Cierre humorístico

Algo que siempre deja un buen sabor es el cierre humorístico, pues todo el mundo ama reír. En caso de que decidas finalizar tu conferencia con una nota de humor, deja el mejor chiste para el final y justo después de decirlo, menciona algo como: "Uno de los grandes secretos de la vida es simplemente saber reír. ¡No dejes de hacerlo cada día! Gracias".

Cierre con historia

Puedes cerrar con una historia vibrante y que capte la atención. Pero ten en cuenta que si contarás una historia esta debe tener un mensaje de valor, un mensaje que valga la pena compartir. Recuerda que si en un cierre emplearás una historia, esta debe ser oportuna para ese momento y estar justificada.

Cierre motivacional 1

1. Música: la música nos induce a estados emocionales y esa es la esencia de la motivación: llegar a una emoción que posteriormente genere acción. Por lo tanto, hay canciones que puedes poner (que sean inspiradoras). Y mientras la canción va sonando tu comienzas a hablar. En mi caso a veces utilizo una canción titulada Zombie de Bad Wolves (https://www.youtube.com/watch?v=wxmxB7rK0fk). Mientras se escucha la canción, durante los primeros segundos hago lo siguiente:

- Del segundo 1 al segundo 49 comienzo a narrar algo con voz tranquila.

- En el segundo 50 (el encargado del audio sube un poco el volumen) comienzo a acelerar un poco mi narración.
- En el minuto y quince termino de dar el mensaje final y dejo una pausa de tres segundos aproximadamente
- En el minuto y dieciocho el encargado de audio sube el volumen al nivel máximo acordado
- En el minuto y veinte digo casi gritando "¡Gracias!" junto con un ademán que da a entender que la conferencia ha concluido.

Fotografía al terminar conferencia en Tijuana

Ejemplo:

- Segundo 1 a segundo 49

"Siempre he pensado que la grandeza no reside en el tamaño del cuerpo, sino en el tamaño de espíritu, que la inteligencia tarde o temprano valdrá más que la fuerza. Es por ello que estamos llamados a evolucionar, a crecer, a desarrollarnos, pues esa es nuestra naturaleza. Hemos crecido, hemos cambiado, hemos evolucionado. Por eso…"

- Segundo 50 (aumento ligero del volumen de la música y aceleración de voz)

"Si dentro de ti vive un león, deja que salga, deja que ruja para que desde ahora empieces esa transformación. Porque la grandeza y la gloria solamente están reservadas para las personas dispuestas a superar sus propios miedos y vencer a sus propios demonios. Por eso mismo no te permitas ser menos…".

- Minuto 1:15

  "¡Menos de lo que puedes llegar a ser!"

- Minuto 1:18 el encargado de audio sube el volumen al nivel máximo acordado (¡Clímax emocional!)

- Minuto 1:20

  "¡Gracias leones, GRACIAS!"

Si lo que deseas es motivar, te recomiendo que busques una canción acorde con tu temperamento y con tu ponencia.

Tip: Si piensas dedicarte profesionalmente a esto, entonces al dirigirte al público utiliza una palabra con la que la gente te familiarice, pues con esto creas una conexión más potente con ellos. Muchos oradores hacen esto:

Alex Dey dice: "Campeones".

Franco Escamilla (comediante) dice: "Mis hermanos, mis hermanas".

Daniel Habif: "Queridos, queridas".

Yo: Leones, leonas.

Cierre motivacional 2

En una conferencia que titulé "Escala tu montaña", utilicé el siguiente cierre:

"Es por esto señoras y señores que les pediré el favor de leer, a un buen volumen, las letras en amarillo después de yo leer cada una de las frases en letras blancas".

El perezoso
No avanza
El miedoso
Se regresa
El alpinista
¡Nunca se rinde!

Luego de hacer lo que acabo de describir, al final repetí la última frase de la siguiente manera:

- "Yo: ¡El alpinista!". (Aumenté el volumen y señalé la frase "¡Nunca se rinde!")

- Audiencia: "¡Nunca se rinde!".

- "Yo: ¡El alpinista!". (Aumenté más el volumen)

- Audiencia: "¡¡Nunca se rinde!!".

- "Yo: ¡El alpinista!". (Aumenté aún más el volumen)

- Audiencia: "¡¡¡Nunca se rinde!!!".

Este cierre es efectivo porque a las personas les gusta el hecho de participar y más cuando es en forma colectiva.

Si lo haces, verás que es fantástico ver cómo la audiencia se transforma y todos se convierten en una sola voz. Ir elevando el volumen de forma progresiva es todo un arte, y si lo haces bien el público vibrará contigo y el cierre habrá sido contundente.

Cierre motivacional 3

Si eres una persona que ama los retos, puedes tener un cierre extraordinario e inolvidable. Simplemente debes preguntar (aunque pueden variar las preguntas):

"¿Qué haces cuando te caes?".
Auditorio: "¡Me levanto!" (sin haber planeado la respuesta, la gente sabe qué decir pues es lógica la respuesta y eso es lo que hace mágico este cierre).
(Repites la pregunta y aumentas el volumen). "¿Qué haces cuando te caes?

Auditorio: "¡Me levanto!".
(De nuevo y aumentas más el volumen) "¿Qué haces cuando te caes?".
Auditorio: ¡Me levanto!

Entonces dices: "No sé qué piensen ustedes, pero a esas personas que caen y se levantan, caen y se levantan, caen y se levantan, les tengo un nombre muy especial... ¡Los llamo campeones! (grito fuerte).

Entonces dime: "¿Quién eres tú?".

Audiencia: "¡Un campeón!" (Ellos van a decir la respuesta nuevamente sin que tú les hayas mencionado que la digan).

"¿Quién eres tú?".

Audiencia: "¡Un campeón!".

"¿Quién eres tú?".

Audiencia: "¡Un campeón!".

Este para mí es un cierre excepcional, y si lo combinas con música, como en el cierre motivacional 1, verás que ahora si estás:

¡Rugiendo como león!

Convierte las derrotas en valiosas lecciones

Aunque muchos viven y siente el fracaso como una derrota, para los ganadores es una gran oportunidad, pues se aprende más de los resultados no deseados que de los resultados deseados. Aprendemos más cuando "perdemos" que cuando ganamos, pues cuando "fallamos" tenemos la posibilidad de mejorar, en tanto que muchas veces al ganar no vemos la oportunidad de mejora pues el ego nos lleva a pensar: "Fui el mejor, gané así que no hay nada que corregir".

Pensemos en el hombre más rápido del mundo, Usain Bolt, capaz de correr los 100 metros en 9,72 segundos. Y aunque fue el hombre más rápido del mundo, ¿eso significa que no puede mejorar? Absolutamente no. Aunque seas el mejor del mundo en algo, todavía puedes mejorar, pues hasta el mismo Usain después rompió su propio récord corriendo los 100 metros en 9,58.

Todo el tiempo podemos mejorar en lo que somos y en lo que hacemos. Incluso el mejor carro que existe hoy en día se puede mejorar. Recuerdo muy bien cuando estaba compitiendo en oratoria y quería ganar el campeonato nacional: primero gané en mi club, luego en el área (estado), después en la división (región) y finalmente pude llegar a competir en el certamen nacional.

Como había ganado ya tres veces con ese mismo discurso, pensé: "No hay nada que mejorarle". Llegó el concurso nacional y en la semifinal perdí. Estaba muy frustrado y triste a la vez. Después me puse a pensar en el modelo 3D (debería, dejar y durar, que detallo en mi libro ¡Te comerán los leones!) y me pregunté: "¿Qué cosa debería haber hecho que no hice? ¿Qué cosa hice bien que debe durar y permanecer en mis próximos discursos? ¿Qué cosa debo dejar de hacer?".

Gracias a eso aprendí bastante y como puedes observar aprendí más en la "derrota" que en la victoria. Así que al siguiente año, 2019, ahí me tenías nuevamente participando y aplicando las correcciones del año pasado en mi nuevo discurso. Había logrado ganar nuevamente en club, área y división, por lo que pude calificar para participar en la final. De repente, tres días antes del evento, una mujer, frente a toda una audiencia, me dice: "Alex no te lo tomes a mal, pero yo te veo como un niño, con ese discurso no vas a ganar". Otros me decían que cambiara cosas de mi discurso, pero yo confiaba mucho en mis palabras y en mi forma de comunicar, así que decidí no hacerles caso, pues si iba a ganar ganaría yo, ganaría transmitiendo mi esencia, pues ese soy yo, ese es Alejandro Pérez Tobías. Así que llegué al concurso y participé.

Al terminar mi disertación, muchas personas se me acercaron y me dijeron: "¡Ya ganaste!". Los jueces aún no habían dado los resultados, pero yo sabía que había ganado. Los aplausos eran abundantes, sabía que lo había hecho tal y como lo planeé y los ojos de las personas me lo decían todo. Una señora de edad avanzada se me acercó y me dijo: "Llevo más de 40 años en Toastmasters y nunca había escuchado un discurso tan bueno". Aquel fin de semana me sorprendí cuando después del evento, un escrutador se me acercó y me dijo: "¡Arrasaste!". En verdad yo había quedado campeón en los dos eventos: oratoria formal (17 puntos) y oratoria improvisada (20 puntos). En oratoria formal la persona que ocupó el segundo lugar obtuvo 7 puntos, y en el concurso de oratoria improvisada el subcampeón obtuvo 6 puntos. En efecto, la señora que me dijo que me veía aún como un "niño" tenía razón en cierta forma, pues yo también era el más joven en mi categoría.

Se siente una gran satisfacción cuando después de haber fallado, consigues aquello por lo que tanto luchaste. No dejes que las palabras de alguien te frenen, pues qué bien se siente hacer aquello que los demás creían que era imposible. Pero como acabo de decirte, mejoramos más cuando obtenemos un resultado no deseado, pues en ese caso podemos analizar y ver cuáles cosas funcionan y cuáles no. Por eso, cuando no te sientas satisfecho con un discurso o conferencia que hayas dado, no te preocupes y agradece, pues es una gran oportunidad para corregir y ser mejor.

El libro escrito por Joanne Rowling fue rechazado inicialmente por dos editoriales, pero ella no se rindió. Así que multiplicó su trabajo e intentó con otras diez editoriales, pero desafortunadamente también la rechazaron. No obstante, nunca se rindió. ¿Conoces algo acerca de Harry Potter? Ella es la creadora, Joanne Rowling, mejor conocida como J.K. Rowling.

O pensemos en aquel joven que ni siquiera pudo entrar al equipo de baloncesto de su institución educativa, porque el entrenador del equipo no lo permitió. Y gracias a que nunca se rindió, Michael Jordan es considerado hoy en día el mejor jugador de baloncesto de todos los tiempos. ¿Qué tienen en común estas historias? Además de que son reales, en ambas hay un "fracaso" de por medio, pero también la voluntad de insistir y persistir. Es por ello que la combinación perfecta para vencer es:

"Fracaso + Insistencia = Victoria"

Ya que, si "fracasamos", pero insistimos, "fracasamos", pero insistimos, "fracasamos" pero insistimos, pronto tendremos ese sueño realizado, pues no hay meta que con esfuerzo no se alcance. Es por esto que no debes desanimarte al no obtener un resultado por el que estabas trabajando. Al contrario, debes agradecer porque ya tienes un nuevo conocimiento. Ahora simplemente aprovéchalo e insiste.

¡Felicidades, ya terminaste de leer este libro, así que ahora tienes más recursos para triunfar! Ve por más y…

¡Ruge como León!

Para conferencias, cursos y capacitaciones contáctame:

Alejandro Tobías **Pro**

52014788R00163

Made in the USA
Lexington, KY
08 September 2019